Generative
Pre-trained Transformer

ChatGPT
売れる
文章術

誰もが「セールスコピー」の達人！

中村ブラウン ｜ Brown Nakamura

JN017217

三笠書房

検証 この本は、本当に「買う価値がある」のか?

　この本に興味を持ったあなたは「どんな内容なの?」「買う価値があるの?」ということを、知りたいと思うでしょう。書店でしたら、パラパラとページをめくれば、ざっくりした内容がわかるのですが、ネット書店ではそうもいきません。

　そこで、いきなり著者自らが、「本当にこの本って、買う価値があるのか?」を検証してみたいと思います。

価値① ChatGPTの基本が学べる!

「プロンプトって何だよ!?」と怒っていた人も笑顔に。

　ChatGPT の使い方がわからないという方はいまだに多いと思います。

　いざ、マニュアル本を手にしても、情報が多すぎて戸惑ってしまう。そういう方のために、この本では「速攻で使える」ようになる情報だけを厳選して紹介します。

　つまり、ChatGPT の使い方がわかって、**ダンゼンお得ですね!**

価値② 集客のプロになれる!

「顧客を呼びたい」「商品を売りたい」は、この一冊で解決。

　マーケティングという言葉を聞いて、「なんか難しそう」と敬遠していたあなた。じつはマーケティングって、平たく言うと「**顧客を集めたり、商品を買わせたりする戦略**」ということなんです。

　そのマーケティングの要となるのが、「コピーライティング」に他なり

ません。この本を読むことで、マーケティングにとって最も重要なエッセンスを学ぶことができるわけです。ＢＭＷを筆頭にさまざまな有名企業の広告制作で活躍してきた著者の40年間に渡るノウハウを、ギュギュッと凝縮した本でもあります。

　つまり、広告プロの「売り込みノウハウ」がわかって、**やっぱりお得なんです！**

価値③ コピーライティングの達人になれる！
「人の心を動かす」ズルい文章テクニックを教えます。

　ところで、「コピーライティングって何？」「キャッチコピーって何？」と疑問に思っていた方は意外と多いのではないでしょうか。

　たとえば、電車の中吊り広告に心を打つような文章を見たとします。まるで、「美しい詩」を読んだように感動したとしましょう。

　その広告文章と芸術作品としての「詩」との違いとは何でしょうか？

　答えは、広告文章はすべて、「モノを売る」もしくは「店などに集客する」といった商売に結びつく目的を持つことに他なりません。それら広告文章を書くことすべてを「コピーライティング」と呼んでいるのです。そして、その文章の見出しがキャッチコピーであり、それを受けて続く長めの文章がボディコピーと呼ばれています。

　この本は「人に伝わる文章」はもちろん、**「人に行動させて、モノを買わせる文章」**、つまり、コピーライティングの奥義を伝えるものです。

　さらに、「人の心を打つ文章術」本でもあります。文章術といっても、堅っ苦しいことは抜きにして、「人は驚かせると興味を持つよ」とか、「クイズみたいに書けば、答えを知りたくなるよ」とか、人の心をつかむ手段をご紹介しています。

①驚かせる	②８つの欲を刺激する	③言葉尻をいじる
④なぜと思わせる	⑤納得させる	⑥共感させる

この6つのキーワードから生まれたキャッチコピーのブラッシュアップ手法こそ、「人の心を動かす」ズルいテクニックであり、この本の中核です（詳しくは5章をお楽しみに）。それをさらにChatGPTを使ってラクをしながら書こうという、二重にズルいやり口なわけです。

つまり、この時代だからできる最先端の文章術がこっそりわかって、**間違いなくお得なのです！**

価値④ 人生が変わる！（ひょっとしたら……）

文章は一生ものだから、この文章術を知っているとヤバいです。

この本は文章を書くに当たって、「誰に」を掘り下げていきます。

じつは、「誰に対して、どのように語るか？」は、文章に限らず、コミュニケーションにおいて最も重要なことです。あなたが営業担当者でも、宣伝担当者でも、会社のチームリーダーでも、街の店主でも、同じです。

だから、このChatGPT文章術は、「他人にどう言えば、自分の思った行動を取ってもらえるか」を戦略的に考えるツールにもなるわけです。

つまり、あなたの人生において、**かなりヤバい本なのです！**

結論

企業の販売、営業、宣伝担当者から、
ネットショップ経営者、そして、街の店主まで……。
誰もが、コピーライティングの達人となれる
「買う価値のある本」です！！

20年以上、BMWを売るために試行錯誤してきたコピーライティング術が、ChatGPTなら一瞬でできる！──なんて時代だ！

はじめまして。中村ブラウンと申します。

この本を手にされた方には、「こいつは一体、何者なのだ？」と疑いの眼差しを向けている方がいると思います。

私は電通グループの広告代理店などでシニアコピーディレクターとして、20年以上にわたってBMWのブランディングを支えてきました。独立後はオフィスブラウン代表として、BMWを筆頭に、スズキ自動車、三菱自動車、KDDI、富士フイルムなどのマーケティングに関わり、現在は中小企業を中心に広告戦略の立案やクリエイティブを提供しています。

簡単に言いますと、広告・宣伝の中核となるコピーライターとして、さまざまなマーケティング活動の最前線で活躍してきたわけです。

そういう私がChatGPTと出会ったのは2023年春頃のことです。それを使ってみての感想は、はっきり言って、「ふざけるなよ！」という憤りの気持ちでした。ChatGPTの性能が劣っているからではなく、逆にその高性能に対して、約40年に渡るコピーライター人生の苦労が色あせて感じたからです。

具体的に言うと、そもそも広告・宣伝において最も重要なことは、「**どのようなターゲットに、どのようにして商品の魅力を伝えるか**」にあります。

孫子の言葉に、「彼を知り、己を知れば、百戦殆からず」という言葉がありますが、まさに「ターゲットのことをどこまで理解できるか、自分の魅

力をどこまでターゲットに上手く伝えられるか」に掛かってくるわけです。

「ターゲットのことを知る」とは単に性別や年代、年収というものではなく、その人の「ライフスタイルや思考・嗜好など」を検証していくことに他なりません。つまり、そのターゲットの日常という物語を知ることで、「自分の商品がどのようなシーンで役立つのか」を考えることなのです。

広告・宣伝、特にコピーライティングを考えるとき、この**ターゲット分析が非常に難しいのですが、ChatGPT なら瞬時に答えを出します**。コピーライティング術の要とは、ターゲットに対して「どのように商品をアピールすればいいのか？」という探求なのですが、それが ChatGPT なら簡単に答えを出してくれるわけです。

コピーライターとしての長い経験を経た私にとって、ここまであっけらかんと答えを出されると、「嬉しい」という感情より、「怒り」に近い、「嫉妬」とでも言いたい気持ちになってしまいます。

しかし、そんな感情の中で、ある点で、ほくそ笑む自分もいました。

それは、「まだ ChatGPT ができていない点」について発見したことにあります。ズバリ、「人が感動する言葉」を書けない点です。

ChatGPT にコピーを書かせると 70%のものは書いてくれるのですが、人の心を動かすような 100%のコピーにはたどり着けないのです。

そこで、この本では ChatGPT を使って、誰もが 70%のコピーを書けるようにするだけでなく、もっと欲張りな人のために＋ 30%の満点が取れるコピーライティングまで導く、誰もやったことのないトライをしてみたいと思います。

しかし、あらかじめ言い訳をしておきますと、この＋ 30%は瞬時にできるようにはなりません。70%のコピーをスラスラ書けるようになった後、この本を熟読しながら何度もトライ＆エラーをしながら、＋ 30%を目指して満点の「感動させるコピーライティング」にたどり着いて欲しいと思っています。

中村ブラウン

『ＣｈａｔＧＰＴ 売れる文章術』 ◇もくじ

1章　ChatGPT、最初の一歩は「この4つ」だけでいい！

2章 あなたも「集客のプロ」になれる！ ──マーケティングの手順

売るための戦略とは？「プロの思考」を学ぼう　22

5章 感動的なキャッチコピーにする 6つのブラッシュアップ手法

6章 100%満足できるキャッチコピーの完成形に仕上げる！

売れるキャッチコピーをプロのように書いてみよう！　98

キャッチコピー制作の流れ　98

《虎の巻STEP》
「キャッチコピーの完成形」に仕上げるコツ　99

7章

ChatGPTで、さらに先を読ませる「ボディコピー」だって作れてしまう!

8章 実践練習で「売れる文章術」をマスターする！

**ＤＭ、ウェブメディア、プレスリリース……
練習問題で腕を磨こう！** 184

最終章

「文字校正」なくして、完成なし

＊本書に記載されている情報は、2024年2月末時点のものです。
＊本書に記載されたURLは予告なく変更されることがあります。
＊本書のChatGPTの回答は「GPT-3.5」によるものです。生成AIの性質上、
　「同じ質問をしても、同じ回答は得られない」ことをあらかじめご了承ください。

1章

ChatGPT、最初の一歩は「この4つ」だけでいい！

ChatGPT 「4つの基本」を知ろう

　ChatGPTという言葉を知っていても、いまだ使ったことがないという人は結構います。

　ある出版社で打ち合わせをした際にも、「使い方がよくわからない」という編集者の言葉を聞いて、トレンドに敏感な人たちの間にも、ChatGPTがまだ普及していないのかと驚きました。

　これは、英語とよく似た話のように思えます。

　日本人の中には「英語を話せない」方が多くいます。その「話せない理由」を深く考えてみると、「英語を話す必要性を感じない」ことだったりします。実際、中学英語程度でも十分に日常的な会話が成立するのにです。

　ChatGPTもそれと同じかもしれません。

　「ChatGPTを使う必要性を感じない」。だから、興味はあるけれど使わない。だから、「プロンプト」という新しい言葉を耳にするだけで、「ちょっと面倒臭そう」と、二の足を踏んでしまう。

　つまり、「使わないから、知る機会を失っていく」という悪循環になるわけです。

　でも、この本を手に取ったあなたは、負のスパイラルとは無縁で、ChatGPTを自分の可能性を広げるツールとして考えているはずです。

　そんなやる気になっているあなたの気持ちをくじくような、難しい話をするつもりはありません。最低限、**これだけは知っておいて欲しいChatGPTの基本**について4つお話しさせていただきます。

　ここで紹介する4つの基本とは、ChatGPTに対して私自身が「気づきを得たポイント」ばかりです。もちろん、ChatGPTを使えば使うほど、あなた自身、さらに知りたいという気持ちが高まってくることでしょう。

　まさに、この章がその出発点になればと考えているのです。

① ChatGPT は「役者」だと思え！
プロンプトの極意。それは、配役を与えること。

まずは https://chat.openai.com/ にアクセスしましょう。

登録は Gmail や Facebook アカウントなどと紐づけることができ、カンタンに済ますことができます。下部にある空欄にテキストを日本語で書き込めば、あなたの質問に誠心誠意、答えてくれます。

この質問は「**プロンプト**」と呼ばれていて、その方法がよくわからない人も多くいるようです。プロンプトの極意をお教えすると、「**ChatGPT に配役を与える**」ことだと考えてください。

たとえば、中学校の夏休みの作文を書かせようとします。プロンプトでは、「あなたは中学2年生です。夏休みの宿題として、400字の作文を書いてください。内容には、《江の島の海岸で、家族4人で海水浴した》《海の家で食べたかき氷がおいしかった》を入れてください」といった感じで空欄を埋めます。

すると、数秒で作文を書いてくれるのです。こんなふうに、あるときは中学生、あるときは脚本家、またあるときは弁護士など、ChatGPT に配役を与えて、使い倒してください。

下に「プロンプトの実践例」をご紹介しておきます。3章以降でも、いろいろなプロンプトが出てきますので参考にしつつ、ちょっと迷ったら、この章をもう一度確認してみてください。

プロンプトの実践例

1. ChatGPT に配役を与える。

「あなたは〇〇です。〇〇を考えてください」

例「あなたは中学生です。夏休みの作文を書いてください」

2. ChatGPT に困りごとを相談する。

　「私は○○のことで困っています。解決するアイデアをください」

　例「私はラーメン店の経営者で、新メニューの開発に困っています。アイデアをください」

3. ChatGPT の回答に対してさらに尋ねる。

　「先ほど＊の○○○という回答について、もう少し詳しく教えてください」

　例「先ほどの来場記念品という回答について、もう少し具体的なアイデアをください」

＊同じテーマで会話が継続している場合は、以前のやりとりを ChatGPT が記憶しているので、前提を省くことができます。詳しくは、後ほど紹介します。

4. ChatGPT に要約（翻訳等）を頼む。

　例「下記の文章を 400 字で要約してください。記　＊＊＊＊＊＊＊」

　例「下記の文章を英語に翻訳してください。記　＊＊＊＊＊＊＊＊」

※「＊＊＊＊＊＊＊＊」には要約して欲しい文章をコピペすれば OK。

② ChatGPT はあなたの話し相手です！
ひとりで寂しいとき、ChatGPT と会話をしてください。

　ひとりお酒を呑んで、つい寂しさの余り、SNS で誰彼かまわずグチを送ってしまう。翌日、その失態に気づいて後悔することはないですか？

　そんなことをするのなら、ぜひ、ChatGPT と言葉を交わしてください。

　ChatGPT が優れている点のひとつとしては「会話形式」、つまり一度、質問したものに対して**その前のやり取りを受けて、会話が続けられる**ことにあります。

たとえば、あなたが質問した回答について、「ちょっと用語が専門的でわかりづらい」ということなら、再度、「もっとわかりやすい言葉で説明して」と投げかければ、それに対応した回答が得られるのです。

もっと言えば、ChatGPT が作ったキャッチコピーの回答に対して、「そのキャッチコピーを受けての補足文章（ボディコピー）を作って」と会話を続けていけるわけです。

面白いことに、**特定のテーマで会話の量が増えるごとに、ChatGPT の回答も冴えたものになっていきます**。下手に友達と話すよりも、実りある会話になるのではないでしょうか。

③ ChatGPT は嘘をつくかもしれない！
「フレンチレストランを尋ねたのに、なんで寿司屋なんだ！」

ChatGPT が日本で展開を始めた当初、たとえば、特定の場所でフレンチレストランが近くにあるかを尋ねると、寿司屋だったり、存在しないお店を紹介したり、「これって使えない」と悪評がありました。

ChatGPT に入力されたデータが 2021 年ということにも原因があります。つまり不明確なデータを使って、当て推量した可能性もあるのです。

2023 年末の時点では GPT-4 が 2023 年 4 月までの最新情報に基づいてアップデートされてはいますが、ChatGPT に限らずあらゆる情報がそうであるように、今、紹介されている知識が新しいとは限りません（ちなみに現在、地域のお店を尋ねると、「Google マップ」「食べログ」「Instagram や X」での検索などを推奨するコメントが返ってきます）。何が言いたいかというと、ChatGPT が出力した情報を鵜呑みにしてはいけないということ。

また、その情報には個人情報が含まれていて、フランスでは、「個人情報が本人の同意がないのに収集、使用され、公開されている」とする問題が起こり、ヨーロッパでは、個人情報の保護などを理由に「ChatGPT」の規制を検討する動きが広がっています。

④ ChatGPT 等の AI は、絶えず進化している！
「ホワイトカラーの9割が職を失うかもしれない」堀江貴文

　今まではホワイトカラーの代表格である弁護士、税理士など専門知識を持った人が活躍していたわけですが、そもそも AI は、そういう知識を幾らでも吸収して、的確なソリューションを出すことが得意です。

　そういう意味で、あの堀江貴文氏が言っているように、ホワイトカラーの仕事の多くが AI にとって代わられることは間違いありません。

　実際、ChatGPT で驚くことはコンピューターのプログラムを書けることです。ある動画では、**ChatGPT だけでテトリスのようなゲームを15分程度で制作**していました。

　その他にも、Excel の入力フォームを作るなど、今まで多少なりともプログラムの知識が必要だったことが、ChatGPT に普通の言葉で質問するだけで、そのプログラムを自動作成してくれるのです。

　じつはマイクロソフト社が ChatGPT を開発したオープン AI に対して1.3兆円もの投資を行い、従来の Microsoft 365 に ChatGPT を組み込めるオプションプラン Copilot Pro をリリースしました。

　たとえば、パワーポイントを使った**企画書の作成などが、AI によって数秒でできてしまう未来**が本当になりつつあります。

· ·

　いかがでしょうか？

　ChatGPT について、少しは理解が深まったのではないでしょうか。

　次の章ではあなたが「集客のプロ」となるために、どうしても通らなければならない道、「マーケティングの手順」についてご説明していきます。

　コピーライティングには、どうしても必要となる知識です。広告に対する知識、集客についての考え方も理解できると思います。ぜひ、熟読してください！

2章

あなたも「集客のプロ」になれる！──マーケティングの手順

売るための戦略とは？「プロの思考」を学ぼう

さあ、いよいよ本題に突入です。

あなたが扱う商品やサービスをどうやって売っていくのか。その戦略を考えるうえで、この章は避けては通れないどころか、あなたにとって宝物にもなりえる内容です。

本書の冒頭で、マーケティングとは、**「顧客を集めたり、商品を買わせたりする戦略」**というお話をしました。

この章では、マーケティングの手順を分解して、それぞれの過程の重要性を話していきたいと思います。

今回はマーケティング初心者の方にもなるべくわかりやすくお伝えしたく、中村ブラウン流の「マーケティングの手順」としていますのであらかじめご了承ください。

各項目はこの後に説明していきますが、まずは全体の流れについて下の図をご覧いただきながら解説していきます。

マーケティング手順

① ターゲットの明確化	② 差別化ポイント（USP）	■ 集客オファ（必要に応じて）

↓

③ キャッチコピーの基本形 →	④ キャッチコピーの完成形（ボディコピーの完成形）

↓

⑤ 目的の定義	⑥ 媒体の特定（DM、広告、SNS 等）

↓

⑦ ターゲットに行動を促す（CTA）

①「**ターゲットの明確化**」とは、コピーライティングをするのに最も深く考えるべき要件です。ターゲットがどのような日常を送っているかをリアルに想像できてはじめて、自分の商品がターゲットのどんなシーンで活躍するかがイメージできるのです。

②「**差別化ポイント**」とは、「あなたの商品やサービスが競合に比べて何がいいのか？」を考える過程になります。

■「**集客オファ**」（必要に応じて）は、店舗に集客する場合に、顧客の背中を最後に一押しする施策を考えることです。

③「**キャッチコピーの基本形**」とは、①②で得られた内容をひとつのキャッチコピーとしてまとめることです。その作業を ChatGPT で行っていきます。これがキャッチコピーの基本形になります。ここまでの過程を今までのコピーライターは必死に探求してきたのですが、ChatGPT の登場によって驚くほど簡単な作業になってしまいました。

④「**キャッチコピーの完成形**」は、③のキャッチコピーの基本形を**6つのブラッシュアップ手法**（後ほど解説）によって、「人の心に訴えかける言葉」にしていきます。さらにボディコピーにも展開していきます。

⑤「**目的の定義**」については、「商品のイメージを高めたい」のか「商品をダイレクトに売りたい」のかということを考えて欲しいです。

⑥「**媒体の特定**」は、⑤で設定した「目的」に一番適した媒体を決めていきます。

⑦「**ターゲットに行動を促す**」とは、「どのような行動を促すのか？」を考えることであり、マーケティングのゴールと言えるでしょう。

では、各項目について説明していきましょう。

①ターゲットの明確化
「誰に対して広告を行いたいのか？」

　孫子の言葉に「彼を知り、己を知れば、百戦殆^{あやう}からず」がありますが、**ターゲットを知り、自分を知る。それは、マーケティングにおいて最も重要**なことです。

　たとえば、老眼鏡を売りたいのに子どもや若者も含むすべての年代をターゲットにしたら、とても効率が悪くなります。

　さらに100円ショップで売っているような安物を求めるターゲットなのか、それともレンズもデザインもグレードの高い高級品を求めているのかによって、コミュニケーションの方法論がまったく違ってくるわけです。

　ターゲットを単に「60代から80代の男女」とするだけでは、その人たちの人物像はイメージしにくい。そこで、マーケティングのプロはターゲットのプロファイルを作ることを試みます。たとえば、

　『年齢は65歳の男性。定年退職で、今まで仕事で使っていた老眼鏡はビジネスバッグの中に入れていたが、今では外出の多くが、お散歩やスーパーでの買い出しといったご近所周りになってきた。

　今まで仕事で使っていた老眼鏡は自宅では使っているものの、ちょっとした外出時に持ち歩くのに不便だ。もっと携帯しやすい老眼鏡があれば、お散歩のときや、ちょっとスマホを閲覧するときなど便利なのだが……』

　というストーリーを描けば、定年退職後に「携帯しやすい老眼鏡」のニーズがありそうだと実感できます。ここまで詳しいプロファイルはいりませんが、ChatGPTを使ってターゲット像を浮き彫りにしていきます。

②差別化ポイント
「なぜ、あなたから買う必要がある？ 他との違いは何？」

　商品やサービスの購入を考える顧客は、他の企業からではなく、なぜ、あなたの企業から買う必要があるかを知りたいのです。

　つまり、「何が魅力か？」「他との違いは何か？」「顧客にとって、どんな嬉しい変化をもたらしてくれるのか？」を知りたいわけです。

　この競合他社との**差別化ポイント**を、マーケティング業界では**ユニークセリングポイント（USP）**と呼んでいます。

　このUSPですが、企業の内側にいる人間にとっては意外と見つけ難いことがあります。たとえば、第三者がその企業の優れた魅力について指摘しても、「そんなこと、当たり前だから」と、自社の魅力を客観的に見つめることができないのです。

　このUSPについて、BMWを例に挙げて考えてみましょう。

　BMWはドイツの自動車メーカーで、世界的なプレミアムカーメーカーとして知られています。

　そのBMWのスローガンとして使われているのが「**駆けぬける歓び**」。

　ドイツ語では「Freude am Fahren」、英語では「Sheer Driving Pleasure」。両方とも「走る歓び」という意味に他なりません。

　つまり、**BMWのUSPとは「走らせて楽しい車」**ということ。

　こう言われると、「当たり前のことで、果たして魅力と言えるのか？」と考える方もいるでしょう。そこで、BMWの競合各社と比べて考えてみたいと思います。

　BMWの最大のライバルと言えるのは、メルセデス・ベンツでしょう。

　世界ではじめて自動車を作ったメーカーとしての「高品質」「先進性」「安全性」などが世界中で評価されてきました。

　日本で使われた「**最善か、無か**」というキャッチコピーはメルセデスが

愚直なまでにその品質を追求している哲学が端的に述べられている好例でしょう。

さらに競合他社を見渡せば、フェラーリ、ポルシェといった純粋にスポーツカーを造るメーカーもあります。逆に言えば、フェラーリ、ポルシェこそ、「駆けぬける歓び」を掲げるのに相応しいと思えるかもしれません。しかし、それが違うのです。

BMW のプロダクトについて簡単に説明すると、今では SUV、ミニバンなど多様な車種をラインアップしていますが、はじまりのすべてがセダンタイプの車種でした。BMW が目指しているクルマ造りとは、「乗員が快適な車」「安全性に優れた車」「デザインの良い車」という一般の人が望む車でありながら、「走りが楽しめる車」なのです。

フェラーリやポルシェのように、走りに特化して日常使いにはちょっと難しいという車ではなく、セダンタイプで日常使いの車なのに走らせて楽しい、だから「駆けぬける歓び」という USP を打ち出しているわけです。**「セダンなのにスポーティな走りの車」**というコンセプトは BMW が最初に打ち出したもので、それに感化されて作られたのが日産のスカイラインというのも有名な話です。

USP についてはコピーライティングの重要なファクターになるので、後ほど詳しく述べていきたいと思います。

■集客オファ（必要に応じて）
「ターゲットの背中を最後にひと押しする」

お正月になると毎年、電車の中に「**福袋**」と書かれた紙袋を持った人を数多く見かけます。百貨店などの初売りに集客するための戦略として恒例になっていますね。

新規開店のマッサージ店の「**初回のお客様、50% OFF**」や、自動車ディー

ラーのブランドロゴがついた来場記念品など、これらはすべて、**集客を後押しする「集客オファ」**となります。

　集客オファは単に値引きや物をプレゼントするだけに留まらず、期間限定のサービスや特別な体験、たとえば、自動車ディーラーでの試乗会なども含まれます。この集客オファをコピーライティングに組み合わせることによって、集客力を高めることができるわけです。
　集客オファについては必要に応じて考えていきます。

③キャッチコピーの基本形
「キャッチコピーの 70% はこれで OK ！」

　キャッチコピーやボディコピーについて、1章でも簡単にお話ししましたが、わかりやすくするために図で見てみましょう。

コピー（広告文章）の構成

キャッチコピー ＝ 見出し

サブキャッチコピー（必要時）＝ キャッチコピーの補足

ボディコピー ＝
キャッチコピーを受けて、あなたが言いたいことを言いきる文
※顧客の行動を促すオファの文を「クロージングコピー」と切り分けて言う場合もある。

スペックコピー ＝ 価格、連絡先、製品内容などの詳細

コピーライティング ＝ コピーを書くこと

簡単に言うと、コピーとは広告文章であり、それを書くことがコピーラ

イティングとなります。コピーを分解すると、キャッチコピー、ボディコピーというパーツに分かれるわけです。

そして、ここでお話しするのがキャッチコピーについて。

小見出しにあった「**キャッチコピーの基本形**」というのは私の造語でして、ChatGPTを使ってできたキャッチコピーをこのような呼び名にしました。なぜかというと、この本の趣旨は、ChatGPTが作った文章をブラッシュアップしたものについて最終のキャッチコピーと呼びたいからです。この最終のキャッチコピーについても、今後はわかりやすく「キャッチコピーの完成形」と呼ぶことにします。

さて、このキャッチコピーの基本形ですが、あなたが求めるコピーライティングの力はほぼここで得られるのではないかと考えています。つまり、**少なく見積もっても70％満足できるコピーライティングになる**ということです。このキャッチコピーの基本形については、実際にChatGPTを使いながらの説明になるので、後ほどじっくりとお話ししていきます。

④キャッチコピーの完成形
「人を感動させる、100％満足のコピーに仕上げる！」

先ほども述べたように、コピーライティングの70％はキャッチコピーの基本形を使えばいいと考えています。そして、残りの＋30％こそ、この本の真骨頂とも言える、「**心を動かす言葉にブラッシュアップする手法**」なのです。その手法とは、

①驚かせる	②８つの欲を刺激する	③言葉尻をいじる
④なぜと思わせる	⑤納得させる	⑥共感させる

という６つのキーワードから成り立っています。そして、この**キャッ**

チコピーの完成形をベースにして、さらにあなたが伝えていきたいことを、ボディコピーとして展開するのです。

詳しくは後ほど解説していきますので、ここではこの程度でのご紹介としておきます。

⑤目的の定義
「イメージを高めたいのか、ダイレクトに売りたいのか」

広告やマーケティング戦略を考えるうえで重要なことは、「その広告の目的が何か」ということにあります。「そんなの当り前じゃないか」と思われるかもしれませんが、意外と目的を決めずに考え始める方がいるのです。

まず、一言で広告と言っても、その目的は大きく2種類に分類できます。

1つ目は「**認知を増やす**」こと。言葉を変えれば「**ブランド広告**」です。

長年、大手広告代理店での花形と言えば、テレビCM、ラジオCM、新聞広告というマス広告でした。特にテレビCMのボリュームゾーンは15秒CMであり、商品についての細かい説明などできるはずもなく、もっぱら商品の名前とそのイメージを訴求し記憶させることに注力していました。

2つ目は、「**ダイレクトレスポンス・マーケティング広告**」です。

ブランド広告が広く人々に認知されるのに対して、ダイレクトレスポンス・マーケティング（DRM）は**ターゲットを絞って、その顧客に「直接的な行動を促す**」広告戦略となります。

直接的な行動を促すとは「購入を促す」「集客する」「リストを取る」「連絡をもらう」といったクロージングへの行動を促すことです。

このDRMは北米から伝わってきたマーケティング手法で、主に通信販売などで取り入れられてきました。特にコピーライティングという点では、

「いかに顧客に行動を促すか」という点で効果が高く、この分野で成功したコピーライターは企業から引く手数多となりました。

DRMが日本の広告代理店で研究されるようになったのは、まだ日が浅く、少なくとも私が30代前後のクリエイターだった頃、そのノウハウを身につけているコピーライターはいなかったと思います。

私は30代頃からコピーライターとしてBMWの仕事に関わり、テレビCM、ラジオCM、新聞・雑誌広告といったブランド広告プロジェクトに数多く参加してきました。

その一方で、全国のBMW正規ディーラーへの集客を目的にしたDMの制作にも取り組んできて、その中での試行錯誤がDRMの知識と経験を得られる勉強になったと思っています。

DRMに関しては現場での経験から始まり、その後に海外の著名なセールスライターの著書などによってそのノウハウを体系化していったという感じです。

さて、話を元に戻すと、広告・マーケティング戦略には目的の設定が重要だという話でした。つまり、あなたが書こうとしているコピーの目的は、**広く認知を増やすブランド広告なのか**、それとも**ターゲットを絞ったDRMなのか**という二者択一です。

しかしながら、この本を手にしている方のほとんどが、ターゲットを絞って、顧客に行動を促すDRMが目的だと思っています。

なぜなら、**DRMのほうが費用対効果は高く**、DMにしろ、ウェブにしろ、SNSにしろ、媒体費用が安価になるからに他なりません。そして何よりも、クロージングへの近道であり、売り上げに直結するからです。

具体的な目的の設定については、次の実践の際に詳しくお話ししていきます。

⑥媒体の特定
「あなたの目的を叶える最善の方法とは？」

　マーケティングの媒体は多岐に渡りますが、「目的の定義」でお話ししたように、「認知を増やすことを目的としたブランド広告」と、「ダイレクトな集客や販売を目的としたDRM広告」によって、媒体の選択は変わってきます。以下は代表的な媒体をブランド広告向きと、DRM広告向きに分けたものです。

ブランド広告向き

●テレビ・ラジオ広告

　テレビ広告は大規模な視聴者層にアプローチすることができます。かつては広告代理店でも花形でしたが、今では企業の広告予算はネット広告の比重を高めています。広く視聴者にアピールできる反面、ターゲットを絞ることができないので費用対効果は余り高くありません。

●新聞広告

　これも広告代理店の花形でしたが、昨今では新聞購読者が減少していて、ほぼ唯一の購入層であるシニア向けの媒体となっています。それゆえ、シニア向けサプリメントなどのチラシのような広告が目につくようになりました。そういうチラシ代替え媒体と考えると、直接、商品の販売を行うDRM広告としての一面も持つようになりました。

●雑誌広告

　この媒体の魅力はターゲットを絞れることにあります。たとえば、バイク雑誌の中でもスクーター専門誌となれば、その読者はスクーター好きに違いありません。その雑誌にスクーター用品の広告を掲載するのは費用対効果が高くなります。

● YouTube 広告

　現在、あらゆる世代での YouTube 視聴が広まり、地上波を凌駕する勢<ruby>凌駕<rt>りょうが</rt></ruby>いです。そんな中で、比較的、低予算で効果を上げているのが YouTube 広告です。実際、一流企業からの出稿もどんどん増えてきて、その一方、個人で事業をしているような方の出稿も多く見受けられます。つまり、**今、最も注目すべき広告媒体**と言えます。YouTube 広告はブランドの認知はもちろん、テレビ広告と違って長い尺での出稿もでき、さらに自社のホームページなどへのリンクも可能なので、DRM の使い方にも有効です。

ダイレクトレスポンス・マーケティング広告向き

●オンライン広告

　ウェブサイトやソーシャルメディア、検索エンジンなどのオンラインプラットフォームで表示される広告です。バナー広告、検索連動型広告、ソーシャルメディア広告などが含まれます。この媒体は現在、一番活用されていると言っていいでしょう。その特徴は「顧客は今何を求めているのか？」、つまり、「**どんなキーワードで検索しているのか？**」に対して、広告を表示することができる点です。よって、ターゲットにズバリ届く媒体であり、**費用対効果はとても高い**と言えます。

●郵送ダイレクトメール

　顧客リストを持っている方にとっては有効な媒体と言えます。

　ちなみに、ここでマーケティングの「1:5 の法則／ 5:25 の法則」というものをご紹介します。

　「**1:5 の法則**」は、新規顧客に販売するコストは既存客に販売するコストの 5 倍かかるという法則。

　「**5:25 の法則**」は、顧客離れを 5％改善すれば、利益が最低でも 25％

改善されるという法則です。

　この両方に共通して言えることは、**新規顧客に販売するよりも、既存の顧客へ販売するほうが効率的**であるという点です。実際、BMW でも、セールスの多くが既存のオーナーの代替えに頼っていたと感じました。そういう意味でも、みなさんがマーケティングを考える際は、既存顧客に対していかにアプローチするかを優先させるべきと思っています。

　さらに詳しい内容は拙著『**小さな会社だからこそ、DM は最強のツール！**』（WAVE 出版）で紹介していますので、よろしければ一読してください。

●インフルエンサーマーケティング

　インフルエンサーマーケティングは、ソーシャルメディア上で影響力のある人々**（インフルエンサー）を利用して、商品やサービスを宣伝・販促する戦略**です。これにより、ターゲットに直接アプローチし、ブランド認知度や売り上げを向上させることが可能です。たとえば、ファッションブランドがファッションブロガーに商品を提供し、彼らがそれを試着してインスタグラムや YouTube などのプラットフォームでシェアすることもあります。

⑦ターゲットに行動を促す
「マーケティングのゴールはここ！」

　マーケティングのゴールとも言えるのが、「顧客にどんな行動を促すか」です。

　マーケティング用語では「コール・トゥ・アクション（CTA）」と呼んでいます。その意味は読んでわかる通り、「行動させるための電話」。現代では電話だけでなく、SNS やネット広告、DM など多様な媒体によって、

顧客にアクションをさせるわけです。

そこで、一般的な CTA についてご紹介しましょう。

1. " 今すぐ購入 " などの行動を促す CTA

購買意欲を刺激するために、割引コードや限定オファなどの追加情報を
提供することも。

2. " 登録する " などの情報提供を促す CTA

ニュースレターの購読、アカウントの作成、無料トライアルの申し込み
など、ユーザーが個人情報を提供する行動を促すもの。

3. " お問い合わせをする " などのコミュニケーションを促す CTA

ユーザーの質問や問題を解決するために直接連絡すること。電話番号、
メールアドレス、チャットボットなど、連絡手段を提供することが一般的。

4. " 詳細を見る " などの情報の探求を促す CTA

ユーザーがより詳細な情報や追加コンテンツを閲覧することを促すもの。
ブログ記事、製品の説明ページ、特集記事などへのリンクが含まれるこ
とも。

5. " シェアする " などのソーシャルメディアの共有を促す CTA

広く認知を広げることによって、クロージングの機会を増やしていく。

6. " 無料で入手する " などの資料やアプリのダウンロードを促す CTA

個人情報を獲得することによって、メルマガなどでアプローチしていく。

7. " 体験する " などの製品やサービスの試用を促す CTA

無料トライアル、車の試乗、デモ版、サンプルリクエストなどが含まれる。

この一覧をご覧になって気づくと思うのですが、**どのCTAもクロージングにつなげるためのアクションを促しています**。そして、"登録する""お問い合わせをする""詳細を見る""無料で入手する""体験する"の共通点は、顧客に対して購入前に、商品の魅力を教育することを目的にしていることです。

私がBMWの仕事をしていたとき、クロージングにおいて**最も有効なCTAと実感したのは、「試乗」をさせること**でした。BMW正規ディーラーへ集客するDMでの、鉄板CTAは試乗促進だったのです。

想像していただければわかるかと思うのですが、カタログだけを見て、「良いなこの車は」という顧客の満足と、実際に試乗して、俊敏なコーナリングを味わった後の「すごいな！　さすがBMWだ！」という感動では、購買意欲の強さが桁違いに異なります。

このように、CTAを考える際には、クロージングに至るまでの戦略を練っていく必要があるわけです。

3章

さっそく、ChatGPTを使ってみよう!

もし、あなたが広告代理店の担当者なら、「漬物屋の売上」をどう伸ばす?

いよいよ、ChatGPT を活用した本題へと突入していきます。

この本を手にされた人の中には、企業の販売、営業、宣伝担当者の方や、ネットショップ経営者はもちろん、街で実際に店舗を経営されている方もいるでしょう。

この章では、わかりやすいように、具体的な街の店舗を例に挙げながら話を進めたいと思います。**自分が広告代理店の担当者や、そのお店の店主になったつもりで**、読んでみてください。

マーケティングにおいて重要なのは「ターゲットを知ること」と「自分の強みを知ること」に他なりません。そこで、前章で紹介したマーケティング手順の中から、「①ターゲットの明確化」と「②差別化ポイント」について取り上げ、ChatGPT を使いながら考えていきたいと思います。

[店舗の例 ① 「漬物屋」]

街の店舗例として、どのような業種がわかりやすいのかを検討しましたが、あえて「漬物屋」を例に挙げたいと思います。昔から地元に愛されてご商売をされているイメージがある一方で、**昔からの業態でありながら、「ひょっとしたら人気店にできるかも」、という予感**が働いたからです。

何にしても、漬物屋について、もう少しイメージを固めていきましょう。下記は私が勝手に決めたイメージになります。

店舗のイメージ
場所:東京の郊外(商店街の中)
業態:自家製の漬物製造・販売

主な客層：地元の主婦

課題：客層が高齢化していて、客数が年々落ちている。

　　　仕入れ値が年々高くなる一方、販売価格に転嫁できていない。

　　　新商品を売り出したいが、アイデアが出ない。

　まずは「ターゲットの明確化」ですが、普通に考えれば地元のシニア層になると思えます。でも、それでは課題となっている「客層が高齢化していて、客数が年々落ちている」に応えられません。

　そこで、ChatGPT には下記のような問い掛けをしてみましょう。

プロンプト

「あなたは東京の郊外にある漬物店のマーケティングを任された広告代理店の担当者です。この店では客層が高齢化していて、客数が年々落ちています。若者にもアプローチできるアイデアを考えてください。単なるマーケティングアイデアだけでなく、新商品のアイデアや客単価を上げる方法もお願いします」

ChatGPT の回答

1. 新商品の開発：

既存の漬物に新しいフレーバーやスタイルを追加して、若者向けの新商品ラインを開発します。たとえば、スパイシーな漬物や異国風の漬物など、若者の好みに合ったバリエーションを取り入れます。

2. イベントやデジタルキャンペーン：

漬物の魅力を伝えるイベントやデジタルキャンペーンを展開します。たとえば、漬物の試食会やイベントを若者が集まる場所で開催し、SNS上でその様子を共有することで、若者の関心を引きつけます。

3. クラフトビールやカクテルとのペアリング：

クラフトビールやカクテルとの相性の良さをアピールし、漬物とのペアリングメニューを提供します。若者向けのおしゃれなバーなどとのコラボレーションを通じて、新しい食文化を提案します。

4. オンラインストアの拡充：

オンラインストアを開設し、若者向けにオンラインでの注文や配送サービスを提供します。若者は忙しい生活を送っていることが多いため、オンラインでの購入が便利であるというメリットをアピールします。

5. 食育イベントの開催：

若者を対象にした漬物の健康効果や食文化に関する食育イベントを開催します。漬物の歴史や製法、栄養価などを解説し、若者に漬物の良さを理解してもらいます。

6. インフルエンサーマーケティング：

若者に影響力のあるインフルエンサーを活用して、漬物の魅力を広めます。インフルエンサーが自身の SNS や YouTube チャンネルなどで漬物を紹介し、若者の関心を引きつけることができます。

これらを組み合わせて、若者にも漬物店の魅力をアピールし、新たな顧客層を獲得すると同時に、客単価を上げることができるでしょう。

いかがでしょうか？

　今の時代に有効なマーケティング例が並び、かなり優秀です。この中で私が注目したのは「新商品の開発」という回答。「既存の漬物に新しいフレーバーやスタイルを追加して、若者向けの新商品ラインを開発します。たと

えば、スパイシーな漬物や異国風の漬物など、若者の好みに合ったバリエーションを取り入れます」とありましたが、グッドアイデアな予感がしますね。ここをもっと掘り下げてみましょう。

「"新商品の開発：既存の漬物に新しいフレーバーやスタイルを追加して、若者向けの新商品ラインを開発します。たとえば、スパイシーな漬物や異国風の漬物など、若者の好みに合ったバリエーションを取り入れます"は素晴らしいアイデアだと思います。このアイデアをもっと具体的にして、若者のライフシーンにどのようにマッチするか考えてください」

ChatGPTの回答

1. スパイシーな漬物：
ラーメン店や居酒屋などで提供されるような辛い料理に合うスパイシーな漬物を開発します。たとえば、唐辛子やからしを利かせたピリ辛漬物や、シーズニングにチリパウダーやスパイスを加えた漬物などが考えられます。若者が好むスパイシーな料理との相性を考慮し、その需要に応える商品を提供します。

2. 異国風の漬物：
タコスやバーガーなどの海外料理と相性の良い漬物を開発します。たとえば、ラテンアメリカ風のピクルスや、韓国のキムチ風の漬物などが挙げられます。異国の味を取り入れることで、若者の興味を引きつけ、新しい食文化を体験させることができます。

3. ヘルシーな漬物：
健康意識が高い若者向けに、低塩漬けや有機野菜を使用したヘルシーな

漬物を開発します。たとえば、野菜の旨みを引き出した自然な味わいの漬物や、発酵食品として注目される酵素たっぷりの漬物などが考えられます。健康に配慮した若者に向けて、栄養価の高い商品を提供します。

4. スナック感覚で楽しめる漬物：

若者が手軽に楽しめるスナック感覚で漬物を提供します。たとえば、漬物を小袋に詰めたポータブルなスナック漬物や、ドリンクと一緒に楽しめるおつまみ漬物などを考案します。仕事帰りにテイクアウトして手軽に楽しめる商品を開発し、若者の需要に合わせます。

これらの具体的な新商品開発アイデアは、若者のライフシーンや食習慣に合わせて漬物を提供することで、若者層の関心を引きつけ、新たな顧客層の獲得につながるでしょう。

いかがでしょうか？
「異国風スパイシー漬物」を小袋に詰めたポータブルなスナック漬物としてシリーズ化するというのは面白いアイデアではないでしょうか？　「仕事帰りにテイクアウトして手軽に楽しめる商品」というのは、若者が宅飲みをするライフスタイルにも合いそうです。

これで、ターゲットの明確化と差別化ポイントもできましたね。

ターゲットの明確化 ……………………………………………
☞ 宅飲みをする若者がターゲット。仕事帰りにテイクアウトして手軽に楽しめる「異国風スパイシー漬物シリーズ」を展開することで、客層を広げるとともに客単価を上げていく。

差別化ポイント …………………………………………………………
☞ 「異国風スパイシー漬物」を小袋に詰めた、ポータブルなスナック漬物。

新規で飲食店を開業するとしたら、ライバル店とどう差別化する？

先ほどの例では、すでに街で店舗経営されているお話でした。

今回は、新規に店舗を開店する場合の例を、ChatGPTを使って考えてみたいと思います。

［ 店舗の例 ② 「沖縄そば店」 ］

この本をご覧いただいている方の中には、飲食業をされている方も多いと思います。具体的にはラーメン店、焼き肉店、中華料理店などですが、今回は私がここ数年、よく立ち寄る「沖縄そば店」を例に挙げてみます。

私は趣味で「波乗り」をするのですが、月に二度の頻度で、千葉県の御宿に宿泊しています。この近辺でおいしいと言われる飲食店は魚介類の料理が多く、当然、何日も宿泊していると魚介類とは違ったものを食べたくなります。

それでグーグルマップで探し当てたのが勝浦地区にある「沖縄そば」の店でした。

私がここを訪ねるようになったときはコロナ禍ということもあり、客足もまばらで、その店の女将さんは経営の心配をしていました。

なぜ、勝浦で「沖縄そば」をやるようになったのかを尋ねると、ご主人が石垣島の出身で、女将さんは地元勝浦の出身。二人でどちらかの地元で「沖縄そば」の店をやることに決めたそうです。

女将さんの実家からは「**こんなところで、沖縄そばの店なんて大丈夫なの？**」と心配されたそうで、それでも勇気を出して店をオープンしたのですが、なんとコロナ禍で客足はバッタリだったわけです。

しかし、女将さんの心配をよそに私は、「**この店はきっと当たるな**」と考えていました。

理由は、**差別化ポイントが明確**なことでした。

先ほど述べたように、この地域は魚介を食べさせる店ばかりが目立ちます。そして、有名な食べ物としては、「勝浦タンタンメン」というラーメンがあるのですが、醤油ベースのスープにラー油が多く使われたラー油系タンタンメンで、好きな人には魅力的なのでしょうが、私みたいに脂っこいもの、さらにはラーメンの麺特有のこしの強さが苦手な人もいます。

一方、「沖縄そば」はうどんに近い触感で、豚骨やかつお節もあっさりした仕上がりのものがほとんどです。ラーメンを食べた後は胃にもたれる感じがある一方、沖縄そばは消化がいいのか、逆に胃腸の調子を整えてくれる感じすらあります。つまり、飽きがなく、定期的に食べたくなる「そば」なのです。よって、観光客だけでなく、地元の人にもファンができる可能性は十分にありました。

しかも、この千葉県の御宿、勝浦地域は美しい海があり、そのイメージは沖縄と合致しています。

つまり、「沖縄そば」の競合がいないブルーオーシャンでありながら、そのイメージは「東京から一番近い沖縄」とさえ言えるものなのです。

実際、当初のグーグルマップの口コミ数は20前後だったのが、コロナ禍が収まった2023年の夏には180を超え、4.6という高評価となっています。**今では昼時に行ったら入れない人気店**ですので、開店時に伺うようになりました。

この沖縄そば店のように差別化ポイントを戦略的に考えずに、たまたま成功している場合もありますが、もちろん狙って差別化ポイントを作り出すこともできます。

その手助けとして ChatGPT を使っていくことができるわけです。

では、この「沖縄そば」店の店主になったつもりで、まずは開店する場

所の特定について ChatGPT に相談してみましょう。

プロンプト

「沖縄そば店を経営する場合、石垣島と千葉の勝浦ではどちらが成功する可能性がある？」

ChatGPT の回答

沖縄そば店を経営する場合、石垣島と千葉の勝浦での成功可能性にはいくつかの要因が影響します。以下にそれらの要因を考慮しながら、両地域の特徴を見ていきましょう。

1. 地域の需要と顧客層：

石垣島は観光地として人気があり、観光客や地元の住民からの需要が期待できます。観光客向けのメニューや地元の人々が好む伝統的な味を提供することが重要です。一方、千葉の勝浦は観光地としての知名度は低いかもしれませんが、地元の住民や近隣地域からの需要が見込めます。地域の好みや文化に合ったメニューが求められるかもしれません。

2. 競合他社の存在：

両地域における競合他社の数や規模も成功に影響を与えます。石垣島であれば、他の沖縄そば店や観光地での飲食店との競合が激しいかもしれません。千葉の勝浦の場合は競合店が少ないかもしれませんが、他の飲食店との競合はある程度考慮する必要があります。

3. 場所と立地条件：

店舗の場所や立地条件も重要です。石垣島であれば、観光客が集まるエリアやアクセスしやすい場所に店舗を構えることが成功の鍵となるで

しょう。千葉の勝浦の場合も、地域の特性や周辺環境を考慮して適切な場所を選ぶことが大切です。

4. 経営者の経験と知識：

沖縄そば店を経営するためには、料理の知識や飲食業界の経験が必要です。地域の食文化や消費者の好みを理解し、それに合った戦略を立てることが重要です。

これらの要因を考慮したうえで、成功の可能性について一概に言うことは難しいです。石垣島は観光客が多いため需要が高まる一方で、競争も激しい可能性があります。千葉の勝浦は競合は少ないかもしれませんが、需要が限られている可能性も考えられます。

成功するためには、地域の特性に合わせた適切な戦略を立てること、高品質なサービスと料理を提供すること、地域の人々との良好な関係を築くことが不可欠です。地道な努力と計画をもとに経営を進めることで、どちらの地域でも成功する可能性を高めることができるでしょう。

いかがでしょうか？

私が最初に指摘していたことを ChatGPT も角度を変えながら同様にアドバイスしていますね。

さて、次はこの勝浦にある「沖縄そば」という店の差別化ポイントをさらに強める方法がないか、ChatGPT に尋ねてみましょう。

プロンプト

「千葉の勝浦で沖縄そば店を開業しました。このお店の差別化ポイント（USP）を強めるアイデアをください」

千葉の勝浦で「沖縄そば」店を開業されたとのこと、素晴らしいですね。以下はお店の USP を強めるアイデアです。

1. 地域限定のオリジナルメニュー：

勝浦ならではの地域限定のオリジナルメニューを提供することで、他の沖縄そば店との差別化を図れます。地元の新鮮な食材を使った独自のそばやトッピングを考案し、地域のお客様に愛される味を創り出してみてください。

2. 沖縄の文化を体験できる空間：

店内を沖縄の雰囲気に合わせたデザインやインテリアにすることで、お客様が沖縄の文化を感じられる空間を提供します。壁に沖縄の写真や観光スポットのポスターを掲示したり、音楽や BGM に沖縄の伝統音楽を流すことで、食事だけでなく旅行気分を味わえるお店になるでしょう。

3. 地域とのコラボレーション：

地域のイベントや祭りなどに積極的に参加したり、地域の農産物や特産品を使用したコラボメニューを提供することで、地域とのつながりを強化しましょう。地元の人々からの支持を得ることで、ローカルな顧客層を増やすことができます。

4. メディア露出と SNS 活用：

地元のメディアや観光ガイドブックに取り上げられるような PR 活動を行い、お店の存在をより多くの人に知ってもらうことが重要です。また、SNS を活用してお店の魅力を発信し、口コミや写真を共有することで、地域外の観光客を引き込むこともできます。

5. イベントやライブエンターテインメント：

定期的なイベントやライブエンターテインメントを行うことで、お客様に楽しいひとときを提供します。沖縄の伝統的な舞踊や音楽、工芸品の展示などを取り入れることで、お店の魅力がさらに広がるでしょう。

これらのアイデアを組み合わせることで、千葉の勝浦での「沖縄そば」店の USP を強めることができるでしょう。お客様にとって特別な体験と思い出を提供することが成功のカギとなります。頑張ってください！

いかがでしょうか？

１の「地域限定のオリジナルメニュー」については、差別化ポイント（USP）を高めるうえで重要になります。

その点では、すでに勝浦のお店では麺をわざわざ沖縄から取り寄せて、**本場沖縄の味を実現**するだけでなく、**健康食品として注目を集めている「ユーグレナ」を練り込んだ麺**を使った沖縄そばもテスト販売しています。ユーグレナは石垣島に生産拠点を持っていることから、製麺所と共同開発して生まれたそうです。

そんな中、私が特に気に入っているのがソーキと呼ばれる豚の骨つきあばら肉（スペアリブ）。もう、「これが口の中でとろけるような肉」で、本場の沖縄そばを超えていると思える逸品です。

つまり、ChatGPT がアドバイスしていることをすでにこのお店は実践しているわけです。

２の「沖縄の文化を体験できる空間」に関しては予算を多く掛けることなく、ポスターなどで装飾することでも OK でしょう。

３の**「地域とのコラボレーション」は特に地元客を集客するうえで必須の考え方**になります。実際、この沖縄そば店でも、地元の催しに積極的に

参加し、その催しに参加していた方が顧客として来店しているのを、私自身、見たことがあります。

　そういう地道な地域での活動が集客に結びつくのは間違いありません。

　4の「メディア露出とSNS活用」ですが、これに関してはこの沖縄そばの女将さんも店主も年配の方であるせいか、積極的ではありません。たとえば、ユーグレナを練り込んだ麺は綺麗なグリーン色なので、インスタ映えすると思いますし、こういう今までにない食の発信は拡散される可能性があります。

　SNSに関しては広告費もいらないので、地道に発信することでファンを作っていけます。

　ちなみに、先ほど述べたようにグーグルマップでの口コミや評価が上がっていることを、当の女将さん達は知らなかったのが驚きでした。まあ、結果オーライということでしょうか。

　差別化ポイント（USP）についてお話ししましたが、USPはご自身では気づきにくいことがあります。第三者から言われてはじめて気づくことも多いと思います。

　しかし今なら、ChatGPTが第三者の視点で、しかもプロのマーケッター顔負けのアドバイスをするのですから、使わない手はありません。

今後の市場はどうなるのか？ ChatGPTで展望と課題を考えてみる。

　これをお読みの方の中には、「今営んでいる店舗の業態を変えたい」と考えている人もいると思います。

　たとえば、昨今では電気自動車（EV）シフトが世界的に進んでいると言われています。もし日本でも、EVの普及が加速したら、今後ガソリンスタンドの需要はさらになくなっていくことでしょう。

　もし、あなたがガソリンスタンドの経営者ならば、このまま経営を存続すべきか、それとも業態を変えるか悩みどころです。そこで、ChatGPTを使って、アドバイスを求めてみることにしましょう。

[店舗の例 ③ 「ガソリンスタンド」]

プロンプト

「日本の電気自動車セールスの課題とは、何でしょうか？」

ChatGPT の回答

　日本における電気自動車（EV）セールスの課題には、以下のような要因が挙げられます。

1. 充電インフラの不足：
　電気自動車の普及には、十分な充電インフラが必要です。現在、日本全国には充電スポットが不均衡に分布している地域があり、充電施設の不

足が EV の普及に影響を与えています。

2. 充電時間の長さ:

現行の充電技術では、急速充電を除いて充電に時間がかかる場合があります。従来のガソリン車に比べて充電時間が長いという点は、消費者にとって EV の利便性に対する課題となっています。

3. 高価な購入コスト:

EV は一般的にガソリン車よりも高価です。高価な購入コストが消費者の購買意欲に影響を与えており、普及を妨げる要因となっています。ただし、補助金や税制優遇措置などが導入されていることもあり、その影響は変動しています。

4. 走行距離の制約:

一部の EV モデルは、一回の充電での走行距離が限られているため、長距離移動を頻繁に行うドライバーや需要が高いタクシーや配送業務などでの利用に制約があります。

5. バッテリーの寿命とリサイクル:

EV のバッテリーは時間とともに劣化し、寿命が訪れます。バッテリーの寿命とリサイクルに対する認識や不安が、消費者の購買意欲に影響を与えることもあります。

6. 販売店舗の対応:

一部の自動車販売店では EV に対する知識や情報提供が不十分なことがあります。販売店舗のスタッフの専門知識やアフターサービス体制の強化が必要です。

7. エネルギーミックスと環境意識:

日本のエネルギーミックス政策によって、EV の使用が環境に与える影響が異なります。再生可能エネルギーの導入が進まない場合、EV の利点が縮小する可能性があります。

これらの課題を克服し、電気自動車の普及を促進するためには、充電インフラの整備、技術の進化による充電時間の短縮、補助金や税制優遇措置の活用、バッテリーの寿命とリサイクルに関する情報提供、販売店舗の教育とエネルギーミックスの改善などが重要な対策となります。政府、自動車メーカー、販売店舗、消費者が協力して、EV の普及を推進することが求められています。

いかがでしょうか？

もし、あなたがガソリンスタンドの経営者で、今後、充電インフラに投資すべきかを判断するとしたら、ChatGPT の意見を参考にすることができると思います。

たとえば、「EV カフェ」という、EV の充電中にカフェでくつろげる店などを思いついたとします。そんなときも ChatGPT とブレーンストーミングするのは面白いのではないでしょうか。試しにこのアイデアを尋ねてみましょう。

プロンプト

「EV の充電中にカフェでくつろげる EV カフェを出店することについて、どう思う？」

ChatGPT の回答

EV カフェというアイデアは非常に興味深く魅力的なものです。EV の普

及が進む中で、充電インフラの整備やEVドライバーの利便性向上が重要な課題となっています。そのため、EVの充電中にカフェでくつろげる場所が提供されることは、以下のようなメリットが考えられます。

1. EVドライバーの利便性向上：
   EVカフェがあれば、充電中にリラックスした時間を過ごすことができます。長距離移動をする際や急速充電が必要な場合、待ち時間を快適に過ごすことができるため、ドライバーのストレス軽減に寄与します。

2. 顧客層の拡大：
   EVの普及に伴い、EVドライバーがターゲットとなるカフェには新たな顧客層が訪れる可能性が高まります。また、EVカフェが充電スポットとして地域に認知されることで、一般のカフェとしての顧客も増えるかもしれません。

3. 電気自動車の普及促進：
   EVカフェが広まることで、EVの普及を促進する役割を果たすことが期待されます。充電スポットが増えることで、EVを所有するユーザーが増え、さらなる普及が期待できるかもしれません。

4. カフェのブランディング：
   EVカフェは、持続可能性や環境への配慮といったイメージを強化することができます。そのため、環境に対して意識の高い顧客層を引き寄せるチャンスとなるでしょう。

   ただし、EVカフェを展開する際にはいくつかの課題も考慮する必要があります。

1. 充電インフラの整備：

EVカフェを提供するには、十分な数の充電スポットが必要です。充電スポットの整備にコストと時間がかかる可能性があるため、事前の計画と投資が必要です。

2. 経営の安定性：

カフェの経営は競争が激しい業界です。EVカフェを展開する場合も、カフェとしての魅力やサービスの質を高めることが必要です。

3. 電気料金と充電時間：

高出力の急速充電によって、電気料金の増加や充電待ち時間の問題が生じることがあります。この点についても配慮が必要です。

総合的に考えると、EVカフェは持続可能なビジネスモデルとして非常に魅力的ですが、充電インフラの整備や経営の安定性を考慮し、慎重に計画することが重要です。地域の需要や環境に応じて適切な展開を行うことで、EVの普及と顧客の利便性を高めることができるでしょう。

いかがでしょうか？

良いアイデアと認めながらも、考慮する課題も提示しているところが素晴らしいですね。

このような形で、ChatGPTと話を進めていくうちに、思いがけないアイデアが浮かび、それをChatGPTによって深掘りしていくことができそうです。

そこから得られた情報が、コピーライティングにも活かされていくというわけです。

4章

ChatGPTで「キャッチコピーの基本形」を作ろう!

満足度70％のキャッチコピーなら、一瞬でできる！

お待たせしました。いよいよ本書のタイトル『ChatGPT 売れる文章術』の本題に突入していきます。

2章の「マーケティングの手順」で説明した通り、ChatGPT が作ってくれる「キャッチコピーの基本形」は満足度が 70％のキャッチコピーと思ってください。

逆に言えば、**満足度 70％とは、ほぼそのままでもコピーとして使える**ということ。しかも ChatGPT によって「簡単に、瞬時にできる」のです。

では、先ほどの「漬物屋」の例で、さっそく、やってみましょう！

街の店舗例 「漬物屋」

店舗のイメージ

場所：東京の郊外（商店街の中）

業態：自家製の漬物製造・販売

主な客層：地元の主婦

課題：客層が高齢化していて、客数が年々落ちている。

　　　仕入れ値が年々高くなる一方、販売価格に転嫁できていない。

　　　新商品を売り出したいが、アイデアが出ない。

前の章で、ChatGPT を使い「ターゲットの明確化」と「差別化ポイント」を導き出しましたよね。

もう一度、おさらいしましょう。内容は次の通りです。

・・・・・・・・・・・・・・・・・・・・・・・・・・・・・・・・・・・・

☞ 宅飲みをする若者がターゲット。仕事帰りにテイクアウトして手軽に
楽しめる「異国風スパイシー漬物シリーズ」を展開することで、客層
を広げるとともに客単価を上げていく。

差別化ポイント ・・

☞ 「異国風スパイシー漬物」を小袋に詰めた、ポータブルなスナック漬
物。

　では、上の内容をふまえて、ChatGPT を使い、店頭用ポスターの「キ
ャッチコピーの基本形」を考えていきましょう。

プロンプト

「あなたは漬物店の広告を担当するコピーライターです。この漬物店は
異国風スパイシー漬物シリーズを展開することで、宅飲みをする若者を
ターゲットにし、仕事帰りのテイクアウト需要を狙っていきます。店頭
用ポスターのキャッチコピー*を考えてください」

*この本では ChatGPT 制作のキャッチコピーを「キャッチコピーの基本形」と呼んでいますが、
ChatGPT 相手にはあくまでもキャッチコピーなので、その点を踏まえてのプロンプトとなります。

ChatGPT の回答

1.「仕事帰りのスパイス、漬物で味わおう！
　異国風スパイシー漬物で、宅飲みをエキゾチックに。」

2.「異国から届いた、宅飲みのお供。
　スパイシーで新鮮な漬物、今夜はこれで決まり！」

3.「日常に刺激を。
　異国風スパイシー漬物が、テイクアウトの楽しみをアップグレード。」

4.「仕事の疲れを吹き飛ばす、スパイスと酸味の饗宴。
　異国風漬物、今夜のテイクアウトにピッタリ！」

5.「宅飲みも異国気分で。
　スパイシー漬物で、普段とは違う味わいを楽しもう。」

いかがでしょうか？
　４の「仕事の疲れを吹き飛ばす、スパイスと酸味の饗宴。異国風漬物、今夜のテイクアウトにピッタリ！」は、「仕事の疲れをスパイスで吹き飛ばしたい」**ターゲットの心情をくすぐる表現**になっている気がしました。
　せっかくなので、この回答をキャッチコピーとし、店頭ポスターのボディコピーを書いてもらいたいと思います。ちなみにボディコピーとはキャッチコピーを受けて、さらに内容を補足するコピーになります。
　では、店頭ポスターのボディコピーの内容として何を記載すべきかをまずは尋ねてみましょう（ボディコピーについては７章で詳しく解説します）。

プロンプト

「店頭ポスターの内容として、何を記載すべきですか？」

ChatGPT の回答

1. 商品名：
　異国風スパイシー漬物シリーズの商品名を大きく目立つように表示しま

す。たとえば、「スパイシーなインド風カリフラワー漬け」や「タンドリーチキン風味のピクルス」など。

2. キャッチコピー:

前述のようなキャッチコピーを大きな文字で表示し、注目を引きます。

3. 商品の特長:

スパイシーで異国風の漬物であることを強調し、その商品の特長や魅力を簡潔に説明します。たとえば、「濃厚なスパイスと酸味が絶妙に調和した、リフレッシュ効果抜群の漬物です」といったように。

4. 価格:

商品の価格を明確に表示します。特にテイクアウト用の価格がある場合は、それを強調して表示します。

5. 店舗情報:

店舗の住所や営業時間、連絡先などを記載します。特にテイクアウトの対応時間や方法についても明記します。

6. ロゴ:

漬物店のロゴやブランドイメージをポスターに表示し、店舗のアイデンティティを確保します。

これらの情報をバランス良く配置し、ポスター全体が見やすく伝わりやすいデザインになるように工夫します。

いかがでしょうか?
ChatGPT は以前のプロンプトも踏襲して回答してくれるため、かなり

具体的な内容が得られましたね。

では、一つひとつ整理しながら要素をまとめてみましょう。

1. 商品名：

異国風スパイシー漬物

「スパイシーなインド風カリフラワー漬け」

「タンドリーチキン風味のピクルス」

2. キャッチコピー：

仕事の疲れを吹き飛ばす、スパイスと酸味の饗宴。

異国風漬物、今夜のテイクアウトにピッタリ！

3. 商品の特長：

濃厚なスパイスと酸味が絶妙に調和した、リフレッシュ効果抜群の漬物。異国風スパイシー漬物で、宅飲みをエキゾチックに。

4. 価格：

198 円

5. 店舗情報：

11:00 ～ 20:00

6. ロゴ：

漬物店のロゴ

このままですとイメージが湧かないと思いますので、簡単にデザインしてみようと思います。

昨今では、ネットで無料にてデザインを制作することができます。**私のおすすめは Canva**（https://www.canva.com/）というサービスです。

詳しい使い方をここで説明すると長くなってしまいますので YouTube などで検索しながら一度、使ってみるのがいいと思います。

次ページのデザインは私が 5 分程度で簡単に作ったものです。

異国風スパイシー漬物

スパイシーなインド風カリフラワー漬け　198円
タンドリーチキン風味のピクルス　198円

濃厚なスパイスと酸味が絶妙に調和した、
リフレッシュ効果抜群の漬物。
異国風スパイシー漬物で、宅飲みをエキゾチックに。

仕事の疲れを吹き飛ばす、
スパイスと酸味の饗宴。
異国風漬物、今夜のテイクアウトにピッタリ！

営業時間　11:00〜20:00

ちなみにこのデザインをそのままにポスター印刷を安価で発注することもできます。また、ロゴのフォーマットも多数あるので手軽に制作できます。

　さて、次はネットショップを運営されている人向けの例を挙げてみたいと思います。

　ネットショップは私自身も運営していたことがあり、ネットショップを運営している友人も多くいて、自身としても親和性が高いジャンルです。

　ここでは、昨今流行のアウトドア用品店を取り上げたいと思いましたが、そのままだと競合店が多いので、「**車中泊キャンプ用品店**」というのはどうでしょうか。最近、私もキャンプにはまっていて、車中泊を楽しんでいます。YouTuber の中にも車中泊キャンプを発信している人が多く、新規事業として面白いかもしれません。

　では、さっそくやってみましょう！

ネットショップの例「車中泊キャンプ用品店」

ショップのイメージ
場所：楽天市場
業態：車中泊キャンプ用品の販売と、オリジナル商品の製造・販売。
主な客層：車中泊を趣味にしているキャンパー。
課題：新規事業のため、商品ラインアップのアイデアが必要。
　　　店舗名などマーケティングに関わるすべてが必要。

それでは、「ターゲットの明確化」から始めてみましょう。

プロンプト

「車中泊キャンプ用品の販売と、オリジナル商品の製造・販売をするネットショップをオープンしたいです。ターゲットとなる顧客像と、その顧客がどのような商品を求めるのか、アイデアをください」

ChatGPT の回答

車中泊キャンプ用品の販売とオリジナル商品の製造・販売を行うネットショップのターゲット顧客像は、以下のようなグループが考えられます。

1. アウトドア愛好家：
自然を楽しむことが好きで、キャンプや車中泊をよく行う人々。彼らは耐久性のあるキャンプ用品や快適な車中泊装備を求めています。

2. アウトドア初心者：

はじめて車中泊やキャンプを試みる人々。彼らは使いやすく、手軽に設置できる装備や初心者向けのアドバイスを求めています。

3. アウトドアファミリー：

家族でアウトドア活動を楽しむ人々。彼らは安全で快適なキャンプ用品や、子ども向けの遊び道具、家族全員が楽しめるアイテムを求めています。

4. キャンピングカーユーザー：

キャンピングカーで旅行する人々。彼らはキャンピングカーに最適化されたコンパクトで多機能なアイテムや収納ソリューションを求めています。

これらの顧客層に向けて、以下のような商品を提供することが考えられます。

1. 車中泊キット：

寝袋、テント、マットレス、モスキートネットなど、快適な車中泊をサポートするキット。

2. キャンプ用キッチングッズ：

折りたたみ式の調理器具、コンパクトな食器、ガスストーブ、ランタンなど、野外での調理や食事を支援するアイテム。

3. 収納ソリューション：

車内やテント内でのスペースを有効活用するための収納ボックスやバッグ、フックなど。

4. オリジナル商品：

ユーザーのニーズに合わせて設計された、耐久性や使い勝手に優れたオ

リジナル商品。たとえば、キャンプ用の<u>折りたたみ式テーブル</u>や、<u>キャンプ用チェアー</u>などがあります。

5. **アウトドアアクセサリー：**

キャンプ用の便利なツールや小物類、アウトドアライフを楽しむためのアイテム。たとえば、<u>コンパス、マルチツール、ハンドクリーム</u>などがあります。

これらの商品を提供することで、幅広い顧客層に対応し、彼らのアウトドア体験をより充実させることができます。

いかがでしょうか？

注目した箇所に下線を引いたのですが、ポイントになった点を挙げてみたいと思います。

ターゲットが求めているのは？ ....

- 快適な車中泊装備
- 使いやすく、手軽に設置できる装備
- コンパクトで多機能なアイテム
- 収納ソリューション

具体的な商品は？ ....

- 寝袋、テント、マットレス、モスキートネット
- 折りたたみ式の調理器具、コンパクトな食器、ガスストーブ、ランタン
- 収納ボックスやバッグ、フック
- 折りたたみ式テーブルや、キャンプ用チェアー
- コンパス、マルチツール、ハンドクリーム

なんとなくイメージが具体的になったのですが、もう少しターゲットの気持ちを理解してみたいと思います。そんなときは、「**どのようなことに不便を感じているか?**」と質問をすると、さらに現実的なシーンがわかると思います。さっそく、やってみましょう。

プロンプト

「車中泊をする際に不便に感じることは何でしょうか?」

ChatGPT の回答

車中泊をする際に不便に感じることはさまざまですが、一般的には以下のような点が挙げられます：

1. 寝心地の悪さ：
　車内での寝心地が悪く、快適な睡眠を得られないことがあります。硬い座席や狭いスペースで寝ることは、身体の疲れやストレスを引き起こす原因になります。

2. 収納不足：
　車内の収納スペースが限られているため、荷物や装備を整理しにくいことがあります。特に長期の車中泊や家族での旅行の際には、収納不足がより顕著になります。

3. プライバシーの欠如：
　車内での生活は外部からの視線が気になることがあります。特に公共の駐車場やキャンプ場などでの車中泊では、周囲の人々からの視線が気になることがあります。

4. トイレの問題：

車内での<u>トイレの確保</u>や、トイレを利用するための場所を探すことが難しい場合があります。特に長時間の移動やキャンプ場のトイレが遠い場合は不便を感じることがあります。

5. 狭いスペース：

車内での生活スペースが狭く、身動きが取りにくいことがあります。特に複数人での車中泊や長時間の滞在の場合は、<u>スペースの狭さ</u>がストレスとなります。

これらの不便を解消するために、さまざまな商品やアイデアが提案されています。たとえば、寝心地を改善するためのマットレスや寝袋、収納スペースを確保するための収納ボックスやバッグ、プライバシーを保護するための<u>カーテンやサンシェード</u>などがあります。

いかがでしょうか？

かなりイメージが出てきたところで、ネットの車中泊用品店で扱うべき商品を考えていきたいと思います。これも、ChatGPTに聞いてみましょう。

プロンプト

「以上の点から、ネットの車中泊用品店で扱うべき商品リストを作ってください」

ChatGPT の回答

1. 快適な寝具：

折りたたみ式マットレス

寝袋（シーズンや気候に応じて複数種類）

エアマット

枕やブランケット

2. 収納ソリューション：

収納ボックスやバッグ

車内用収納ユニット

ハンギングオーガナイザー

車両に取りつけ可能なラックやフック

3. プライバシー対策：

カーテンセット（車内用やウインドウ用）

サンシェード

プライバシースクリーン

4. キャンプ用品：

テント（車と接続可能なものも含む）

チェアやテーブル

グリルやコンロ

ランタンやヘッドランプ

5. トイレ関連アイテム：

ポータブルトイレ

トイレ用テント

使い捨てトイレ袋

6. 車内用アクセサリー：

USB 充電器やパワーアダプター

インバーター

車載冷蔵庫や冷凍庫

7. 安全対策：
エマージェンシーキット
サバイバルギア（緊急時の食料や水）

8. 清潔関連商品：
ハンドクリーナー
洗濯用品（ポータブル洗濯機や洗濯バッグ）

9. オリジナル商品：
ユーザーのニーズに合わせたカスタム商品
（例：特定車種に対応した収納ユニットなど）
これらの商品は、車中泊やキャンプでの快適な体験をサポートし、顧客のニーズに応えることができます。

商品ラインアップまでできてしまいましたね。
さて、ここで「マーケティングの手順」に戻って整理してみましょう。

ターゲットの明確化 ・・
☞ **快適な車中泊キャンプを求めるアウトドア好きの人。狭い車内でも使いやすく、コンパクトで多機能なアイテムが欲しい。**

差別化ポイント ・・・
☞ **アウトドア用品の中でも、車中泊キャンプに特化した品ぞろえ。**

では、次に店舗名とキャッチコピーの基本形を ChatGPT を使って作っていきましょう。

今までの ChatGPT との履歴があるので、そのままダイレクトに質問を続けていきましょう。

ChatGPT の回答

1. キャンピングロードストア

「自由な旅のための、車中泊専門店。夢のキャンプライフがここに。」

2. ナイトキャンプマーケット

「星空の下で眠る贅沢。車中泊キャンプの新しいスタンダード。」

3. ドライブアンドキャンプショップ

「車中泊を極めるなら、ここから。快適なキャンプライフのすべてが揃います。」

4. オートキャンプギアワールド

「自動車とキャンプの融合。車中泊キャンプの魅力を引き出す、本格ギアがここに。」

5. ワンダーワゴンストア

「旅するワンダーワゴンのための、車中泊専門店。自然との調和を求める旅人へ。」

これらの名前とキャッチコピーは、車中泊キャンプを専門としたショッ

プであることを強調し、顧客に快適で豊かなアウトドア体験を提供することを訴求しています。

いかがでしょうか？

4のオートキャンプとは、自動車（オート）を使ったキャンプのことですから、車中泊用品専門店ということがわかりやすいですよね。

そこで店名は、「オートキャンプギアワールド」にしてみましょう。

キャッチコピーは少し長いので、不要な言葉は削って、

「車中泊キャンプの魅力を引き出す、本格ギアがここに」

にしましょう。

今回はネットショップということで、広告バナー*をサクっと作ってみますね。72ページをご覧ください。

ちなみに、広告バナーで使用した**イラストは画像生成AIで作成しCanvaでデザイン**しました。

画像生成AIは Midjourney、Stable Diffusion などが日本でも知られるようになりましたが、その中でも、私のおすすめはマイクロソフトの Bing Image Creator です。無料であるうえに、ChatGPT と同様にテキストは日本語でも OK で、比較的簡単に画像を生成してくれます。

しかし、残念ながら Bing Image Creator で生成した画像は基本的に商用利用ができません。画像生成AIはクリエイターに無断でイラストなどの画像を使用するケースがあり注意が必要です。商用利用する際は、著作権をクリアできる画像生成AIを利用するか、フリーのイラスト素材から画像を選ぶなどの工夫が必要となります。

*広告バナーとはネットユーザーがウェブページやアプリを閲覧している際に表示される広告。クリックされることで広告主のウェブサイトや特定のコンテンツのページを開きます。

私が作成した広告バナーはこれ！

＊AI画像については著作権を考慮し、モザイク処理をしています。

5章

感動的なキャッチコピーにする6つのブラッシュアップ手法

プロがひそかに実践している「6つの奥義」を教えます!

　前述のとおり、ChatGPT を使えば、誰でも満足度(完成度)70％の「キャッチコピーの基本形」を作ることはできます。

　しかし、その上の「＋30％」を目指すには、それなりの工夫が必要です。この章では「＋30％」を目指すうえで最も大切なことをお伝えします。

　そもそもキャッチコピーとは「先を読みたくなるようにさせる」という役割を持っています。

　つまり、**優れたキャッチコピーとは単に意味が通じるだけでなく、先を読みたくなるものでなければいけません。**ChatGPT で制作した「キャッチコピーの基本形」は、はっきり言ってそこまでの力は持っていません。

　では、先を読みたくさせるにはどうすればいいでしょうか?

　それは、読み手に「あなたにとって大事な話です」と感じさせ、心を動かし、感情的にさせることが重要なのです。

　はっきり言って、そのようなキャッチコピーを作るのは、プロのコピーライターでも簡単ではありません。

　そこで、この章では ChatGPT を使った実践の前に、まずは「人の心を動かすキャッチコピー」とはどのようなものかをご紹介します。

　私がさまざまなコピーライティング本で学んできたことと、約40年に渡るコピーライターとしての経験を凝縮したものです。

　わかりやすいように、「人の心を動かすキャッチコピー」を6つのカテゴリーで分類してみました。

「人の心を動かすキャッチコピー」6つのカテゴリー

①驚かせる	②8つの欲を刺激する	③言葉尻をいじる
④なぜと思わせる	⑤納得させる	⑥共感させる

さっそく、1つずつ紹介していきましょう。

「人の心を動かすキャッチコピー」

①驚かせる

人の心を開かせる要素のひとつに「驚かせる」ことがあります。平常心を壊すことで、コピーの内容に興味を抱かせるわけです。

「驚かせる」というカテゴリーの中で、さらに3つのセクションに分けています。

［ 焦 ら せ る ］

例：「ページを閉じると2度とこのチャンスはありません」

ネットで情報商材を購入した経験のある方なら、決済後に新しいウインドウが現れるポップアップ広告を見たことがあるでしょう。

そこには大概、「ページを閉じると2度とこのチャンスはありません」「このページを開いたあなただけの特典です」などというキャッチコピーで、決済した商材とは別の商材を売り込もうとします。

つまり、**「今だけのチャンス」「あなただけのチャンス」**と、その希少性で心を揺さぶるわけです。

焦らせる方法には、「○月○日までの購入特典」「タイムサービス」など、時間にリミットをつける方法も一般的です。

［ 数 字 で 驚 か せ る ］

例：「株で3000万円儲けた私の方法」
　　「英語を話せると、10億人と話せる」

「コーヒー１杯分で、BMW オーナーへ」

　数字を入れると具体的な印象を持ち、さらに興味が湧きます。

　特に**予想外の数字**なら、「なぜ、そんな数字が!?」とボディコピーを読んでみたくなるのです。

　この手法は書籍のタイトルでも多用されていて、よく見られるのは「１分で○○」「１％の○○」「○○の９割は」「７つの○○」などというパターンがあり、出版の企画タイトルでも「つい使いたくなる」方法論と言えます。

　ちなみに「コーヒー１杯分で、BMW オーナーへ」は、BMW の残価設定ローンを使って、ボーナス月に十数万円払えば、１日コーヒー１杯（500円）程度の出費で BMW が買えるというコミュニケーションでした。

　その際、DM にはドリップコーヒーパックを封入して、開封率を高める戦略を取っていました。

［ 恐 れ を 誘 う ］

　例：「知らずにいたら、83万円をドブに捨てていた」

「恐れる」という感情は人の心を動揺させます。たとえば、ホラー映画を見たり、ジェットコースターに乗ったりしたときの感情を思い出すとおわかりでしょう。

　キャッチコピーにおいて、よく使われる方法は、**「あなたは損をしている」**と恐れを抱かせることです。キャッチコピー例の「知らずにいたら、83万円をドブに捨てていた」は過払い金の法律相談を受けるためのもので、単純に「あなた 83万円も損をしますよ、いいんですか？」と呼びかけることで、次のボディコピーへと誘っています。

②8つの欲を刺激する

　マーケティングの世界では、「人間の8つの欲求」を刺激すると効果的だと言われています。

　8つの欲求とは、「人生を楽しみたい」「おいしいものを食べたい」「恐怖、痛み、危険から逃れたい」「性的快感を味わいたい」「快適に暮らしたい」「他人に勝りたい」「愛する人を守りたい」「社会的に認められたい」というもの。確かにどれも**「人間の根源的な欲求」**を表していると思います。

　しかし、この今回の項目をカテゴリーに入れるべきか悩みました。なぜなら、この「8つの欲求」からキャッチコピーをひねり出すのは、私の経験上、ちょっと難しいからです。ただ、知っておいて損のない考え方です。「このキャッチコピーは8つの欲求を満たしているから効果がありそうだ」という、いわば目安なり尺度になればと思い、紹介することにします。

［ 人 生 を 楽 し み た い ］

　例：「一瞬も一生も美しく」

　資生堂のスローガンとして有名ですね。背景にあるのはアンチエイジングではないでしょうか。
　言葉そのものがみずみずしくて美しい。まさに「人生を楽しみたい」という欲求を満たす好例のキャッチコピーだと思います。
　冒頭で述べたように、「人生を楽しみたい」という出発点から、このキャッチコピーにたどり着くのはかなり難しいと考えます。

［ お い し い も の を 食 べ た い ］

　例：「おいしい生活」

テレビのバラエティ番組で手堅いと言われる企画のひとつに「グルメもの」があります。グルメものは一定数の視聴率を稼げるからです。

逆に言えば、万人は、**「おいしいものを食べたい」という欲求**を持っていることになります。

「おいしい生活」は糸井重里さんが西武百貨店のために作った、いわばコピーライティングの金字塔ともいえるキャッチコピーです。

当時は「おいしい」という形容詞は食べ物だけに使われていたと思いますが、現在では日常会話の中でも、「その仕事、おいしいよね」というように「得をしている」「嬉しい気分になる」という意味にも変わっていますね。

［ 恐 怖 、 痛 み 、 危 険 か ら 逃 れ た い ］

例：「どの写真で、クシャミがでますか？」
（花粉症を起こす植物写真を多数載せた新聞広告）

誰もが「健康でありたい」と思っているでしょう。しかし、「これで健康になります」と言われるより、「これでガンになります」と、**危険そのものを示したほうが、断然、興味をひく**ことができます。

人は危険から逃れたいという欲求を強く持っているからです。

さて、例文として提示した「どの写真で、クシャミがでますか？」は花粉症薬の新聞広告のキャッチコピーです。モノクロ写真には花粉症を起こすさまざまな植物の写真が掲載されていました。

この広告を見た花粉症の方にとっては、まさに驚きとともに「危険から逃れたい」と思ったことでしょう。当然、キャッチコピーの下に綴られたボディコピーを熟読したはずです。

［ 性 的 快 感 を 味 わ い た い ］

例：「きょ年の服では、恋もできない。」

ひと昔前の夏、居酒屋さんには水着姿の美人が笑顔を振りまく「ビール広告のポスター」が貼られていました。

ビールと水着女性なんて、まったく関係のない組み合わせですが、ビールのメインターゲットだった会社員男性には効果抜群だったわけです。今では、女性軽視と思われる広告戦略ですが。

さて、人間の欲求のひとつに「モテたい」「性的快感を味わいたい」というものがあります。

それを直球でキャッチコピーにすると、広告主の品性を疑われてしまいますが、変化球、つまり**「感じさせる程度」**であれば効果があります。

キャッチコピーの例の「きょ年の服では、恋もできない。」は大手アパレルブランドのものですが、新しい服を購入させる動機づけとして、上手に「モテたい」気持ちをくすぐっていますね。

［ 快 適 に 暮 ら し た い ］

例：「本当に世の中の文字は小さすぎて読めない！」

人は誰しも快適に暮らしたいと思っています。しかし、快適じゃない日常に慣れてしまっていて、**他人から指摘されないと、それに気づかない場**合があります。

キャッチコピーの例として提示した「**本当に世の中の文字は小さすぎて読めない！**」はハズキルーペのものです。広告をはじめて見たとき、老眼鏡使用者である私は「その通りだ！」と膝を打って共感しました。

iPhoneの裏に刻まれた型番の小ささに「どうやって読むんだ！」と思ったこともあります。

「あなたの生活は快適じゃない」ことをキャッチコピーでズバリ指摘し、それを解決する商品を紹介するパターンは、王道の広告と言えるのです。

［ 他 人 に 勝 り た い ］

例：「率直に言ってアメリカン・エキスプレス・カードはすべての人のためのものではありません。
　　また、お申し込みいただいた方全員が会員になれるわけではありません」

　キャッチコピーの効果的な方法のひとつとして、「特別なあなただけ」「他の人とは違うあなただけ」という、**ターゲットをおだてる**アプローチがあります。

　たとえば、先日、高校受験を控えた中学３年生の娘宛に、某予備校から**「お子様は当校に入塾できる成績でしたので、特別にご案内します」**というキャッチコピーのDM（ダイレクトメール）が届きました。

　当初は「なぜ、このようなDMが送られてきたのか？」と怪しみました。なぜなら、その予備校には資料請求をしたことがなく、ただ、「中学生全国模試」という無料テストの受験会場だっただけの関係性だからです。

　しかし、今から考えればその無料テストの運営母体が予備校と関係していて、予備校がリストを取るための**フロントエンド**＊であったと考えられます。つまり、リストを使って、「成績の良かったあなただけ、特別に入塾を許します」という特別感を打ち出しながら、予備校への勧誘を行ったわけです。

　この方法を使った有名なビジネスレターがキャッチコピーの例でご紹介したアメリカン・エキスプレス・カードです。このアプローチは、人間の欲求のひとつ、「他人に勝りたい」という心を上手に突いています。

＊フロントエンドとは集客商品と呼ばれており、名前の通り販売プロセスのフロント（前）に置かれる商品のこと。フロントエンドで見込み客を集客し、本当にセールスしたいバックエンド商品

につなげる役割がある。

［ 愛 す る 人 を 守 り た い ］

例：「私たちの製品は、
　　　公害と、騒音と、廃棄物を生みだしています。」

自分に子どもができると「無償の愛」とはこういうものかと、つくづく感じることがあります。人間には「愛する人を守りたい」という欲求があるのです。

このキャッチコピーの例は、ボルボ・カーズ・ジャパンのもので、自動車メーカーの自己責任を言いながら、自動車所有者すべてに問題を投げかけています。

その行き先は未来の子どもたちを守るという想いにもつながっていますね。この「愛する人を守りたい」というアプローチは購入を促すのには弱いと思います。しかし、それを語るメーカーの**ブランディングには効果的**で、**長期的なファン獲得に貢献する**のです。

［ 社 会 的 に 認 め ら れ た い ］

例：「もし、自分の狭い日常のこと以外に関心のない方ならば
　　　……そんな方には『ニューズウィーク』はお門違いで、
　　　何のお役にも立てません」

「社会的に認められたい」とは、簡単に言うと**「出世欲」**です。「お金持ちになりたい」とは別に、「他人から立派な人間と思われたい」という気持ちを誰もが抱いています。

そんな出世欲をさりげなく刺激したアプローチがニューズウィークのキャッチコピーの例です。

直接的に「出世欲」を語ってはいませんが、ターゲットに対して「できるビジネスマンなら、優れた情報を得ることは当然ですよね」と、遠回しに「出世欲」を刺激しているわけです。

③言葉尻をいじる

　この項目で紹介するテクニックは、ChatGPT のキャッチコピーを**ブラッシュアップする際に重宝する**と思います。その大きな理由は、ChatGPT のコピーは説明的で面白みがないからです。
　言葉尻をちょっと変えるだけで、キャッチコピーらしく変えることができるのです。

［ 短 く 言 い 切 る ］

　例：「プール、冷えてます」

　キャッチコピーの例は「としまえん」のポスターに使われたものです。
　言いたいことは「暑い夏には、としまえんの冷たいプールへ」ということなのですが、それを「プール、冷えてます」と言い切ることで強いキャッチコピーになっています。
　さらに言えば、居酒屋のポスターなどで普段目にする「ビール、冷えてます」を上手く関連づけているところも素晴らしいですね。
　先ほども述べたように ChatGPT のコピーは説明的で長めの文章になるので、「短く言い切る」方法はブラッシュアップに相性が良いと思います。

［ 対 義 語 ］

例：「金持ち父さん貧乏父さん」

対義語とは意味が正反対の言葉。正反対の文字を並べると、インパクトが生まれます。それをキャッチコピーに使用するという考え方です。

この例の「金持ち父さん貧乏父さん」はベストセラー本として有名ですが、タイトルを見ただけで本の内容や、そこで書かれているものに興味が湧きます。

たとえば、「借金10億から、資産10億へ」「コソ泥が警察官になった」のように対義語を組み合わせるだけで、「どういうことなの？」と好奇心を抱かせることができるのです。

［ 関 連 語 ］

例：「NO MUSIC, NO LIFE.」

関連語とは関連した用語や言葉、関連性のあるキーワードということですが、それを重ねることによってキャッチコピーにする手法があります。たとえば、「NO」という言葉を重ねたり、「MUSIC」と「LIFE」という私たちの生活に密着した言葉を重ねることで成立させています。

その他にも、ChatGPTで作ったコピーには同じ言葉、たとえば**「最高」という文字が頻繁に出る**ことがあります。その際には、「至高」「優れた」「BESTの」というように**関連語に置き換えることも大切**です。

［ メ タ フ ァ ー （ 隠 喩 ） ］

例：「夏の日射し光線銃にまけない」

「メタファー」とは、の表現形式で「まるで〜」「〜のような」などの明確な比喩を使わずに、**他の物事になぞらえて表現**することです。小説などで多用される手法ですが、キャッチフレーズでも応用が利きます。

　このキャッチコピーの例は、私がコピーライターとしてはじめて書いたものです。イトーヨーカドー専門店の夏服セール用のイメージコピーとして使われました。

　簡単に言えば、「夏の暑さなんかに負けないくらいお洒落な服を着ましょう」ということなのですが、「夏の日差し」を、日差し＝光線、そして「光線銃」と比喩にすることで、「光線銃にまけない」とし、先ほどの意味にインパクトを持たせたわけです。

［ ひ ら た く 言 う ］

例：「年齢を重ねても」⇒「いつまでも」

　これも ChatGPT のコピーブラッシュアップには相性が良い方法です。
　先ほど述べたように ChatGPT のコピーは説明的になることが多く、**簡単な言葉に変えることも大事**なのです。
　たとえば、「年齢を重ねても、若さと活力を保っていこう！」というキャッチコピーが ChatGPT から出されたとき、短くすることと、もう少しひらたい言葉に置き換えられないかを考えます。
　つまり、「年齢を重ねても」を「いつまでも」とし、短くしていって「いつまでも活力を！」とすればキャッチコピーらしくなっていきます。
　たとえば、「長い距離を走る」も、「どこまでも走る」「もっと走る」「さらに走る」「走り続けていく」「走りを止めない」と、ひらたい言葉に変えることができます。
　もっと言えば「走る」を「駆ける」に変えると、「どこまでも駆ける」「駆け続けていく」というように意味に広がりを感じさせ、字面としても

キャッチコピーらしくなります。

［ ダジャレ ］

例：「曲がりなりにも、きゅうりです。新鮮さは曲げません」

ダジャレはキャッチコピーにもよく使われる技法です。キャッチコピーの例は私が駆け出しのコピーライターのとき、イトーヨーカドーのB級品セールで作ったものです。

B級品とは、市場には出回りにくい規格外の品物で、たとえばこの場合、「曲がったきゅうり」なわけです。この規格外品を売るために、チラシや店頭などで、「曲がったきゅうり」をこのような**ダジャレ風のキャッチコピーでアピール**しました。これが大変な好評で、イトーヨーカドー内の成功事例として社内報にまで取り上げられたのです。

［ 英 語 に す る ］

例：「贅沢なインテリア、極上のコンフォート」

BMWのような外資系企業では特に、**コピーを英語にすると「それらしく」見えたりします**。たとえば、「贅沢な内装、極上の快適さ」のようなキャッチコピーも、一部、英語（カタカナ）にするだけで、上記のように意味を変えず、しかもそれほど悩むことなくブラッシュアップできます。

④なぜと思わせる

[「え!?」と問いかける]

例:「なんで、私が東大に!?」
　　「BMWのホイールはなぜ汚れやすいか?」

　キャッチコピーは次を読ませる役割を持っていると言いました。それは、ボディコピーを読ませたり、次のアクションとして「連絡や資料請求」を促すことでもあります。

　読み手にそういうアクションを取らせるのに効果的なのが、「**クイズのような問いかけ**」です。その問いかけが興味深ければ興味深いほど、次のアクションを誘発することができます。

　そういう点で、素晴らしいと思ったのは四谷学院のポスターに使われた「なんで、私が東大に!?」でした。噂によると、この塾はこのキャッチコピーで企業業績を一気に高めたということです。**たった一本のキャッチコピーが企業の行方を変えてしまう**という、ものすごい例ですね。

　もうひとつは私が自動車雑誌に出稿した「BMWのブレーキ性能」を訴求するキャッチコピーです。

　BMWのブレーキ性能が強力な理由のひとつとして、ブレーキパッドの摩耗（減り）の早さがあります。簡単に言えば、摩耗させることでブレーキディスクに起こる熱（耐フェード性）を抑えたり、摩擦係数を上げることによってブレーキング性能を高めたりしているわけです。

　その結果として、パッドのカスがホイールに付着しやすくなる。それを逆手にとって、「**BMWのホイールはなぜ汚れやすいか?**」というクイズにして投げかけたわけです。

この手法は、伝えたい内容を読ませるのに効果的だと言えます。

常 識 を 疑 わ せ る

例：「千円札は拾うな。」
　　「嫌われる勇気」

　自分が信じていたことを否定されると、「なぜ!?」という気持ちが湧いて好奇心を持ちます。特に**常識とは真逆のこと**を言われると、その気持ちはもっと高まります。
　キャッチコピーの例はともにベストセラーとなった本のタイトルです。
　このタイトルを見て、本を手に取った方も多いのではないでしょうか。
　キャッチコピーでも、あえて常識とは逆のことを言って、注意をボディコピーに引き寄せることは可能です。

「人の心を動かすキャッチコピー」
⑤納得させる

　キャッチコピーを見た瞬間、「これって、嘘くさいなー」「所詮、広告の絵空事でしょ？」と思われては、次のボディコピーを読んでもらえるわけがありません。
　そこで、「これは読む価値がありそうだ」と思ってもらえる、つまり「納得させる」アプローチをいくつかご紹介します。

世 の 中 の 真 実 を 述 べ る

例：「人は誰でもミスをする。」
　　「こんなにも羽が伸ばせるのは、なぜだろう？

世界一、背が高い国のエアラインですから」

　最初のキャッチコピーの例はメルセデス・ベンツ日本のものです。

　昔、自動車教習所でポンピングブレーキというのを習ったことがあるでしょう（多分、年代的に私に近い方）。これは、滑りやすい路面では急ブレーキを掛けずに、ブレーキをポンポンと数回に分けて踏むことで滑るのを防ぐ方法です。それを機械的に行う ABS を開発したのがこのメルセデス・ベンツとボッシュという部品メーカーでした。

　つまり、「人は滑りやすい路面でも急ブレーキを踏むミスをする」。それを前提にした自動車づくりがメルセデス・ベンツだというアプローチです。

　もうひとつの例は、私が KLM というオランダの航空会社の広告で作ったキャッチコピーです。この広告のビジュアルは KLM のアイコンである白鳥が羽を広げている写真。言いたいことは「客室シートの快適な広さ」でした。そのことを「オランダ人は世界一背が高い国民」というファクトを使って語ったわけです。

　両方とも、**世の中の真実を取り入れる**ことで、**キャッチコピーに説得力を持たせた**わけです。

　ちなみに、KLM の広告シリーズはその年の「**世界 No. 1 の KLM 広告**」として賞をいただきました。

［ 権 威 の 言 葉 ］

　例：「シリコンバレー式　自分を変える最強の食事」

　人は権威に弱いものです。たとえば、お昼のワイドショーで権威あるコメンテーターの話には、説得力を感じてしまいます（ちなみに、その言葉がいい加減な発言と後からわかって炎上することもありますよね）。

　キャッチコピーにも、**権威を借りて説得力を増す手法**があるのです。

キャッチコピーの例は本のタイトルですが、もしもタイトルに「シリコンバレー式」という言葉がなく、「自分を変える最強の食事」だけだったとしたら、果たして売れるでしょうか？　答えは明白ですね。

たとえば、「東大式」「バーバード流」とか、権威を使った本のタイトルは数多くあります。

先ほどご紹介した「なんで、私が東大に!?」も、「東大」という権威を使ったキャッチコピーとも言えます。

［ 世 の 中 の 疑 問 を 投 げ か け る ］

例：「おしりだって、洗ってほしい。」

例はTOTOのウォッシュレットがデビューしたときのキャッチコピーです。当時は「お尻はトイレットペーパーで拭くもの」が常識でした。

ですが、シャワートイレの良さを知った日本人は公共のトイレにも設置するようになったわけです。

先ほどご紹介したハズキルーペの「本当に世の中の文字は小さすぎて読めない！」も、**世の中の疑問を投げかけることで成功した例**とも言えます。

私たちが常識だと思っていることでも、「言われてみると、たしかに問題があるよね」という疑問を投げかけられると、次が読みたくなるのです。

「人の心を動かすキャッチコピー」
⑥共感させる

ターゲットの心を動かす最も重要なことは、「共感させる」ことにあります。違う言葉で言えば、「まるで、自分のことを言われているよう」と感じさせることでもあります。

たとえば、マーベル映画に出てくるヒーローは、一般人とは桁外れに異なっていますね。

しかし、ヒーロー物語でも視聴者を巻き込むために、「共感させる」ことが重要になります。そこで、彼ら製作者は、そのヒーローに**「人間臭い弱み」**をあえて持たせたわけです。

スパイダーマンなら、「家族を殺された悲しみや高校生らしい心の葛藤」。キャプテンアメリカなら、「冬眠している間に時代に取り残されてしまった葛藤」。といったように、鋼の肉体は持っていても、メンタルは人間らしい弱さを持っているわけです。だからこそ、見る者は彼らに「共感」を覚えることができる。

少し話が脱線してしまいましたが、**「共感」はコピーライティングにおいても外せないポイント**なのです。

［ カスタマーレビュー ］

例：「最近、テレビの音がうるさいと、家族から注意された」

アマゾンなどのネット通販で買い物をする際に、カスタマーレビューを参考にされた方は多いと思います。カスタマーレビューは広告文章と違って、悪いことも正直に書かれているし、何より**使っている人の生の声は、自分が購入した後にどのような感想を持つのかが疑似体験できます。**

キャッチコピー例は、某補聴器メーカーに寄せられたカスタマーレビューからの引用です。つまり、シニアの方は耳が聞こえにくくなり、知らず知らずのうちにテレビの音量を上げてしまう。それをご子息などが注意したという構図です。

目に浮かぶような日常のシーンであり、この後、ボディコピーなどで補聴器のニーズを説明していくには効果的なキャッチコピーですね。

［五 感 で 感 じ る 言 い 方］

例：「時速 60 マイル、新型ロールスロイスのなかで聞こえるのは時計の音だけ」

キャッチコピー例はロールスロイスの広告です。いかに「静かなクルマ」であるか、そして「高速で走らせているのに快適」であることも感じさせるキャッチコピーです。

「小説の書き方」の話になってしまいますが、良い物語は大概、情景描写も上手です。

文章を読むだけで、その**情景が映画のワンシーンのように浮かび上がってくる。そういう文章には人の心を動かす力がある**のです。

コピーライティングにも同じことが言えます。その商品やサービスを、あたかも自分が体験しているように感じられる文章。それを読むと、頭でなく、心で、その商品・サービスを感じることができるのです。

ひとつの方法としては、「遠くで聞こえる音」や、「さりげない匂い」「○○のような味わい」「○○のような手触り」など、目に見えるものとは違うもので表現すると、逆にその光景が目前に現れたりします。

先ほどのロールスロイスも、「かすかに聞こえる音」だけを表現することで、その光景を疑似体験でき、「ロールスって、やっぱり良いな」と、心で感じてもらえるわけです。

［タ ー ゲ ッ ト を 絞 る］

例：「80 歳の壁」

ターゲットを絞るのはマーケティングにおいて重要であることは 2 章の冒頭でお話ししました。

今回の手法は「ほら！　あなたのことですよ!!」と、名指しするくらいにターゲットを絞るキャッチコピーです。

　キャッチコピーの例「80歳の壁」は近年の有名なベストセラーのタイトルです。たとえば、これを「高齢者の壁」としても、どこか漠然としていて弱い。あえて細かい年齢なんか気にせず、ずばり80歳にすることで強さが増したわけです。

　もちろん、80歳の人しか読まないというのではなく、たぶん狙った層は、60代・70代の人でしょう。そういう方は今後、80歳くらいまで元気よく生きていたいと思っているでしょうし、そういう人に目標となる80歳という年齢を提示したと考えられます。

［ ターゲットが不満に思っていることを投げかける ］

例：「暗記が苦手、勉強嫌いでも安心。
　　１回５分から聞き流す英会話教材」

　前に「世の中の疑問を投げかける」というアプローチをご紹介しましたが、今回の場合は、もう少しターゲットを絞った形での「疑問」「不満」を投げかけるやり方です。

　キャッチコピーの例は、聞き流すだけで英語が話せるようになるとうたった学習教材「スピードラーニング」のもの。ターゲットはずばり**「暗記嫌い、勉強嫌い、だけど英語を話したい人」**とかなり絞り込んでいますね。

　そういう人にとっては、胸にグサリと突き刺さるキャッチコピーではないでしょうか。

［ 物 語 を 語 り 出 す ］

例：「私がピアノに座ると、彼らは笑った。
　　でも、私が演奏しはじめると……」

キャッチコピーの例に取り上げたのは、DRM コピーライティングの金字塔とも言うべき名作キャッチコピーです。米国の音楽院広告のキャッチで、パーティ会場のような場所で、いかにも場違いな主人公がグランドピアノの椅子に座ろうとする場面です。

　言いたいことは、「この音楽院で勉強すると、誰でも見事にピアノが弾けるようになる」ということです。

　キャッチコピーが物語のはじまりを告げるようで、その後の話へと自然に興味を引きつけるわけです。この「ピアノコピー」のフォーマットは現在でも、巷のコピーライティングに使われていて、たとえば、

「私が起業すると言うと、友人たちは笑った。

　でも、私がそのアイデアを口にすると……」

　といったように、材料をすり替えても成立し、読むターゲットに興味を抱かせることができます。

・・

　この章では、「キャッチコピー・6つのブラッシュアップ手法」についてご紹介しました。

　この手法を駆使するだけで、プロのコピーライターに近づけると思います。ちなみに、私は次ページに掲載したような図を眺めながら作業をすることがあります（実際の図はマインドマップになります）。

　この著書を手にしたあなたへの特別プレゼントにしますので、巻末のお知らせをご覧ください。

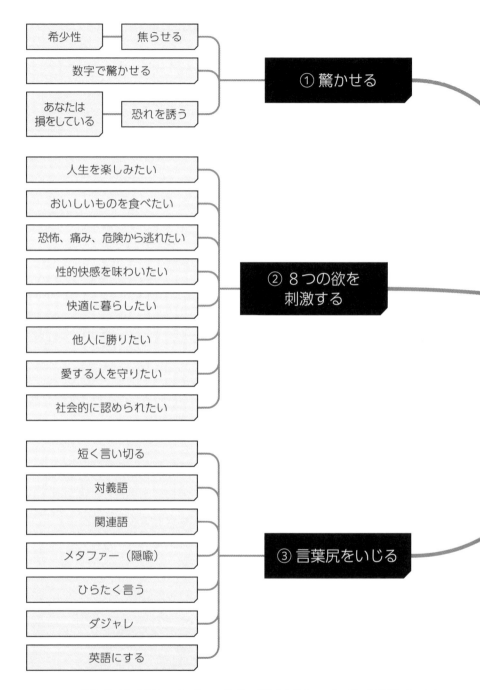

希少性 — 焦らせる

数字で驚かせる

① 驚かせる

あなたは損をしている — 恐れを誘う

人生を楽しみたい

おいしいものを食べたい

恐怖、痛み、危険から逃れたい

性的快感を味わいたい

快適に暮らしたい

他人に勝りたい

愛する人を守りたい

社会的に認められたい

② 8つの欲を刺激する

短く言い切る

対義語

関連語

メタファー（隠喩）

ひらたく言う

ダジャレ

英語にする

③ 言葉尻をいじる

＊読者プレゼント用のマインドマップには、参考となるキャッチコピーも記載しています。
ご興味のある方は、最終ページをご覧ください。

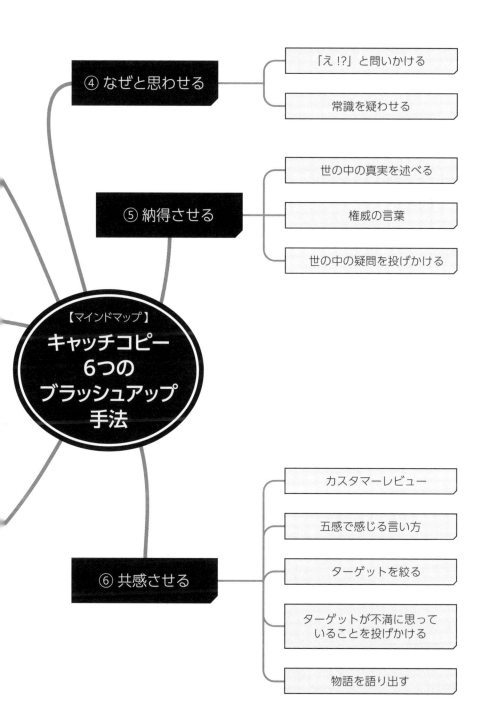

④ なぜと思わせる
- 「え!?」と問いかける
- 常識を疑わせる

⑤ 納得させる
- 世の中の真実を述べる
- 権威の言葉
- 世の中の疑問を投げかける

【マインドマップ】
キャッチコピー
6つの
ブラッシュアップ
手法

⑥ 共感させる
- カスタマーレビュー
- 五感で感じる言い方
- ターゲットを絞る
- ターゲットが不満に思っていることを投げかける
- 物語を語り出す

6章

100％満足できる
キャッチコピーの
完成形に仕上げる！

売れるキャッチコピーを
プロのように書いてみよう！

さて、いよいよこの著書のメインイベントに入ってきました。

先ほどの章で、「人の心を動かすキャッチコピー」の形がぼんやりとわかってきたと思います。この章では、ChatGPT で「キャッチコピーの基本形」を作り、それをブラッシュアップして「**キャッチコピーの完成形**」にしてみましょう。

どうすれば、満足度 70％ の「キャッチコピーの基本形」を満足度 100％ の完成形に磨き上げることができるのでしょうか？　じつは、この **「＋30％」を埋める作業こそ、「コピーライティングの真髄」** と言っても過言ではありません。

「それではさっそく〜」といきたいところですが、その前に 3 章、4 章で学んだ内容を復習するとともに、これからの流れを説明しておきます。

キャッチコピー制作の流れ

ターゲットの明確化
・ターゲットの属性やマインドを理解するプロセスでしたね。

差別化ポイント
・あなたの「何が強みなのか」を知ることでしたね。

「キャッチコピーの基本形」を作る
・ChatGPT でキャッチコピーの 70％ と言える「キャッチコピーの基本形」を作る。

「キャッチコピーの完成形」に仕上げる
・6 つのブラッシュアップ手法を使って、ChatGPT で作った「キャッチコピーの基本形」をブラッシュアップする。

以上のような流れで作業をしていきますが、「キャッチコピーの基本形」を作るところまでは問題なく進めていけるのではないでしょうか？

ちょっと手こずるのが、＋30％を埋めて「キャッチコピーの完成形」に仕上げるところです。つまり、ここからの章になります。

事前に《虎の巻STEP》を用意しましたので、まずはご覧ください。

《虎の巻STEP》
「キャッチコピーの完成形」に仕上げるコツ

ChatGPTが作った「キャッチコピーの基本形」を、6つのブラッシュアップ手法を使って、どのようにブラッシュアップしていくのか？

そのステップをご紹介します。

詳しい内容はこの後、実践しながら解説していきます。

① ChatGPTの作った「キャッチコピーの基本形」をじっくりと見渡す。

②**心が惹かれるキーワードにマーカーで線を引く。**

③**へんな表現、意味がわからないワードに波線を引く。**

④ ②の**ワードだけで成立**するものは、そのままキャッチとしてOK。

⑤ ②の**ワードと他のワードを組み合わせ**て成立するものはキャッチとしてOK。

⑥ 「**6つのブラッシュアップ手法**」を用いて、②のワードをブラッシュアップして、キャッチコピーを作る。

⑦できあがったコピーに不満がある場合は、再度、ChatGPTにキャッチコピーを作らせる。

⑧もう一度、①から⑥の流れを繰り返す。

⑨**良いものができなくても落ち込まない。**徐々に良いキャッチコピーが作れるようになります。

では、実践編をスタートしていきましょう。

[実践例① 「車中泊キャンプ用品店」]

　最初の例は4章で紹介したネットショップです。なぜ、これを最初に取り上げたかと言うと、じつは以前の箇所で私が言いたかったことをあえて言わなかったからです。ChatGPTの作った「キャッチコピーの基本形」が、6つのブラッシュアップ手法によってどう変わるかを知ってもらいたいからに他なりません。

　では、さっそく、前回考察した流れを復習しましょう。

ターゲットの明確化 ・・

☞ 快適な車中泊キャンプを求めるアウトドア好きの人。狭い車内でも使いやすく、コンパクトで多機能なアイテムが欲しい。

差別化ポイント ・・

☞ アウトドア用品の中でも、車中泊キャンプに特化した品ぞろえ。

　そして、前回のプロンプト「以上の点から、車中泊用品の専門店であるネットショップの名称とキャッチコピーを数案作ってください」によっての回答は右ページのようになりましたね。

　今回の回答には、あらかじめ**私が考えた心が惹かれるワードにマーカーで線を引き、意味がわからないワードには波線を入れています。**

100

ChatGPT の回答

1. キャンピングロードストア

「自由な旅のための、車中泊専門店。夢のキャンプライフがここに。」

2. ナイトキャンプマーケット

「星空の下で眠る贅沢。車中泊キャンプの新しいスタンダード。」

3. ドライブアンドキャンプショップ

「車中泊を極めるなら、ここから。快適なキャンプライフのすべてが揃います。」

4. オートキャンプギアワールド

「自動車とキャンプの融合。車中泊キャンプの魅力を引き出す、本格ギアがここに。」

5. ワンダーワゴンストア

「旅するワンダーワゴンのための、車中泊専門店。自然との調和を求める旅人へ。」

　まず最初の実践例でご紹介したかったのは、99ページで紹介した《虎の巻STEP》にある**「ヘンな表現、意味がわからないワードに波線を引く」**ことの重要性です。

　ChatGPTが制作した「キャッチコピーの基本形」がいかにすばらしいものでも、根本的に「意味が間違っている」ことは多々ありますし、「何を言っているのかわからない」ものも出てきます。

　そういうものは早めに潰すことが必要です。

たとえば、「1. キャンピングロードストア」は「キャンプ、道、ストア」の造語ですが、今回のネットショップが意図する「車中泊キャンプ」をまったく連想できません。「2. ナイトキャンプマーケット」も、「夜、キャンプ、市場」の造語であり、さらに「星空の下で眠る贅沢」では、まるで地べたに直接寝ている印象しかありません。車中泊、つまり車の中で寝るメリットは「鉄の箱の中に守られて寝ている」ことなので、星空の下では逆の意味になってしまいます。

　「5. ワンダーワゴンストア」の例ですと、対象が「ワゴン車」だけになってしまい、これも不都合が起きます。

　そういう意味で、今回の ChatGPT の回答の中で唯一得られた店舗名が、「4. オートキャンプギアワールド」になったわけです。この言葉の中には「オートキャンプ」というものがすでに使われていますので、「車中泊」を容易に連想することができます。

　キャッチコピーに関しても、4 が一番良かったのですが、残念なのが「自動車とキャンプの融合」という言葉がわかりにくい点です。たしかに、融合と言えなくもないですが、その言葉が「車中泊」の魅力を伝えているとは到底思えません。

　結局は、**6つのブラッシュアップ手法の中の「短く言い切る」**を使って、「車中泊キャンプの魅力を引き出す、本格ギアがここに」にしたという流れなのです。

　前回のキャッチコピーの基本形は下記でした。

　今回はこれに対して、ブラッシュアップ手法を使って「+30% のコピーライティング」を行っていきます。

キャッチコピー：「車中泊キャンプの魅力を引き出す、本格ギアがここに」
店名：　　　　　「オートキャンプギアワールド」

店名に関しては、とりあえず英語にして、**Auto Camping Gear World** にして、キャッチコピーの基本形のブラッシュアップに集中したいと思います。

1.「車中泊キャンプの魅力を引き出す、本格ギアがここに」

車中泊に対して不便を感じる点についての ChatGPT の回答（66 ページ）に、「硬い座席や狭いスペースで寝ることは、身体の疲れやストレスを引き起こす」というのがありました。

つまり、「車中泊＝寝心地が悪い」という常識を持っていると考えられます。そういう常識を覆すギア（装備）が揃っていることで考えたらどうでしょうか？　6つのブラッシュアップ手法の中の **「え!? と問いかける」手法** を使ってみましょう。

キャッチA案

「クルマが、快適ベッドになるの？　本格ギアはここに」

2.「車中泊キャンプの魅力を引き出す、本格ギアがここに」

車中泊の魅力のひとつにお金が掛からないという点があります。道の駅などにも無料で車中泊できるところがあって、安く旅ができるのは嬉しいですね。

そこで、**「数字で驚かせる」手法** を使ってみましょう。つまり、「宿泊費0円」と訴求してみるのです。

キャッチB案

「宿泊費0円。　車中泊キャンプの本格ギアはここに」

3.「車中泊キャンプの魅力を引き出す、本格ギアがここに」

　車中泊の魅力はなんといっても、自由度の高さでしょう。思い立ったら、次の場所へと自由に移動して、寝ることができる。しかも、テントのような設置の面倒がなく、撤去もあっという間です。

　そんな気持ちの良さを表現するというのはどうでしょうか。6つのブラッシュアップ手法の中の**「物語を語り出す」手法**を使ってみましょう。

キャッチC案

「昨夜はさざ波のそばで、今夜は森の中で眠りにつく。
　車中泊キャンプの本格ギアはここに」

4.「車中泊キャンプの魅力を引き出す、本格ギアがここに」

　災害の被災地などで車中泊を利用していると聞きますね。内閣府によると、今後30年以内に大きな地震の発生する確率は70%と高い数字で予想されています。じつは私も車中泊にはまっています。きっかけとなったのが「もしもの災害時に役立つグッズが欲しい」という点にありました。

　災害時だけの使用だと「ポータブル電源」などの高額品購入には二の足を踏みますが、車中泊キャンプならいいかと決断できたわけです。

　そこで、6つのブラッシュアップ手法の中の**「恐れを誘う」手法**を使ってみるのもありでしょう。

キャッチD案

「30年以内に大地震が起こる可能性70%。
　車中泊の本格ギアがここに」

5.「車中泊キャンプの魅力を引き出す、本格ギアがここに」

そもそも「車中泊」とは「宿泊施設」のひとつですよね。もっと言えば、「移動できる宿泊施設」ですね。

キャンピングカーも同じと言えば同じですが、その違いは、今、自分の乗っているクルマを宿泊施設にしていくという、いわば「移動する宿泊施設を、自分で作る」ということでもあります。

このように、**「その言葉は、そもそも何を意味しているのか?」**を辿っていくと、アイデアが生まれたりします。

「移動するホテルを、自分で作る」ということ自体が、「車中泊グッズを揃える」ことのメタファー(隠喩)になっていると思います。

つまり、6つのブラッシュアップ手法の中の**「メタファー(隠喩)」の手法**を使ってみるのもありでしょう。

キャッチE案

「移動するホテルをつくろう。車中泊の本格ギアがここに」

いかがでしょうか?

キャッチコピーのブラッシュアップ手法の考え方が少しわかっていただけたのではないでしょうか。

とにかくこの手法を使えるようになるには、どんどん使って慣れていくしかありません。この後もガンガン例を出していきますので、勉強していきましょう。

実践例② 「EVカフェ」

次の例は、3章に出てきたアイデアの「EVカフェ」です。面白いアイデアですし、どのようなアプローチができるのか自分としても試したくなり取り上げてみました。

ChatGPTからの回答には、あらかじめ、私が考えた心が惹かれるワードにマーカーで線を引き、意味がわからないワードは波線を入れています。この作業を実際はあなた自身で行うことになります。

プロンプト

「EVカフェという、EVの充電中にカフェでくつろげる店をプレスリリースにして媒体社に送りたい。そのキャッチコピーを考えてください」

ChatGPT の回答

1.「未来のリラックススポット！ EVカフェで電気と心を充電しよう！」

2.「EVカフェ：グリーンエネルギーと贅沢なひとときを味わう、心地よい充電スポット！」

3.「緑と美味が交差する場所！ EVカフェでエコロジーなひとときを」

4.「エコロジーカフェでエレクトリファイドなリフレッシュメント！」

5.「EVライフスタイルの新しい拠点！ EVカフェで未来を味わおう」

6.「カフェでコーヒー、地球で未来を満たす。EVカフェでバッテリー

と心をチャージ！」

7.「持続可能なチャージングステーション×絶品カフェ！　EV カフェ
　でリラックスの電動融合」

8.「未来への一歩を、カフェのひとときから。EV カフェで心地よく進
　化しよう」

9.「カフェ・チャージ・コミュニティ：EV の新たな発見を味わう場所」

10.「環境への思いやりをカフェで表現。EV カフェで快適な電動アク
　　ション」

11.「ドリンクとドライブの融合。EV カフェで心と電気を満たす」

12.「EV カフェ：エネルギー、交流、至福の味わい。未来の充電スポッ
　　トへようこそ」

いかがでしょうか？

　本来なら EV ユーザーのプロファイルや、EV カフェの出店場所など、
細かいリサーチを絡めたいところですが、ここではあえて無視して、まず
は 100 本ノックのつもりで、キャッチコピーのブラッシュアップをして
いきましょう。

1.「未来のリラックススポット！EV カフェで電気と心を充電しよう！」

「EV カフェで電気と心を充電しよう！」、この部分だけを使って短くす

るだけでも、なかなかよいキャッチコピーになると思います。つまり、この場合は、6つのブラッシュアップ手法の中の**「短く言い切る」手法**を使ってみましょう。「電気を充電する」と「心を充電する」のダブルミーニング（2つのことを同時に意味すること）になっているところが素晴らしいですね。

　みなさんも、休暇を取って旅行に出かけるとき「ちょっと充電してきます」と言うと思いますが、同じ意味ですよね。

「未来の」は大げさな表現ですので、削除しても問題ないでしょう。

　キャッチA案

「EVカフェで電気と心を充電しよう！」

2.「EVカフェ：グリーンエネルギーと贅沢なひとときを味わう、心地よい充電スポット！」

「贅沢なひとときを味わう」は普通の言い方ですが間違いではありません。しかし、「グリーンエネルギーを味わう」は意味が通じませんね。**ChatGPTの回答には、こういう単語をつないだだけの表現がたまにあるので注意が必要**です。

　この案で唯一良いのは「充電スポット」という言葉です。ひょっとしたら、「EVカフェ」だけでは意味がわからない人もいるかもしれません。本来なら捨ててもよいキャッチコピーの基本形ですが、今回は練習として、もう少しがんばってみましょう。

　そこで、「充電スポット」という言葉から連想していきます。6つのブラッシュアップ手法を眺めてみましょう。

　そういえば、EVカーオーナーには、「充電スポットが少ない」「充電に時間がかかる」という不満があると知られています。そこで、6つのブラッシュアップ手法の中の**「ターゲットが不満に思っていることを投げかけ**

る」**手法**はどうでしょうか？　この手法は困ったときにかなり便利な手法なので、覚えておいてください。

> キャッチB案
>
> 「充電スポットがないと嘆くあなた。EVカフェにどうぞ」

3.「緑と美味が交差する場所！ EVカフェでエコロジーなひとときを」

「緑と美味が交差する」というのは意味不明ですね。EVでエコだから「緑」があるのでしょうが成立していません。エコロジーというのも古臭く、この案は却下しましょう。

4.「エコロジーカフェでエレクトリファイドなリフレッシュメント！」

これは何を言っているのかわかりませんね。却下です。ChatGPTでは空振りも多いので、そういう場合はどんどん却下しましょう。

5.「EVライフスタイルの新しい拠点！ EVカフェで未来を味わおう」

間違いではありませんが、ワードとしての魅力に欠けます。これも却下。

6.「カフェでコーヒー、地球で未来を満たす。EVカフェでバッテリーと心をチャージ！」

先ほどの「電気と心を充電しよう」の言い換えですが、なかなか良い表

現です。「地球で未来を満たす」とは一体何を言いたいのでしょうか（笑）。

　というわけで、6つのブラッシュアップ手法の中の**「短く言い切る」手法**を使いましょう。

キャッチC案

「EVカフェでバッテリーと心をチャージ！」

7.「持続可能なチャージングステーション×絶品カフェ！　EVカフェでリラックスの電動融合」

「リラックスの電動融合」というのも意味がわかりませんね。

「チャージングステーション×絶品カフェ」というのはカフェとして絶品は言いすぎでしょう。

「持続可能」という言葉は鮮度はありますが、ちょっと難しい表現でもあるので、却下しましょう。

8.「未来への一歩を、カフェのひとときから。EVカフェで心地よく進化しよう」

「カフェのひととき」という言葉は使えそうです。

　そういえば、EVオーナーにとって、充電時間は長くて退屈、そのソリューションとしてEVカフェのコンセプトが生まれました。つまり「退屈な時間がカフェでのくつろぎ時間に変わる」ということが言えそうですね。これも、**「ターゲットが不満に思っていることを投げかける」手法**と言えますね。

「未来への一歩」とは、「EVを使うこと自体が未来への一歩」とは言えますが「カフェのひととき」に掛けるのはちょっと無理があると思います。

「EV カフェで心地よく進化しよう」というのも、何を言いたいのかわかりませんね。よって、その辺は削除していきましょう。

キャッチ D 案

「退屈な充電時間を、カフェのひとときに。EV カフェ」

9.「カフェ・チャージ・コミュニティ：EV の新たな発見を味わう場所」

「カフェ・チャージ・コミュニティ」というのは、そのままだと意味が成立しませんが、コミュニティという考え方は使えそうです。なぜなら、このカフェは EV オーナーがメインで利用するからです。

そこに、「あなただけ感」を助長する「8つの欲を刺激する」という手法を用いて、**「他人に勝りたい」「社会的に認められたい」**気持ちを震わせることができますね。

「新たな発見を味わう」は具体的に EV カフェで何かしらのイベント等があれば成立しますが、今回の場合は難しいでしょう。上記のことをまとめると、以下になります。

キャッチ E 案

「あなただけの EV カフェ・コミュニティ」

10.「環境への思いやりをカフェで表現。EV カフェで快適な電動アクション」

「環境への思いやり」は先ほどと同じで、**「8つの欲を刺激する」という手法**が使えそうです。

「環境を思いやる」からこそ、EV に乗っているというオーナーの**「社会**

的に認められたい」感をくすぐるやり方はあるかもしれません。「快適な電動アクション」は何を言いたいのかわかりませんね。

「環境を思いやるあなたに。EVカフェ」

11.「ドリンクとドライブの融合。EVカフェで心と電気を満たす」

これは、「ドリンクとドライブ」でダジャレ風にできないかと思ったのですが、難しかったです。却下。

12.「EVカフェ：エネルギー、交流、至福の味わい。未来の充電スポットへようこそ」

「エネルギー、交流、至福の味わい」は、たぶん電気なので交流という言葉が出てきたのでしょうが意味がわかりませんね。「未来の充電スポット」は未来が大げさに感じます。

唯一良いと思ったのが、「交流」という言葉でした。電気の交流ではなく、「人が交流する場所」と捉えるとありかもしれません。

6つのブラッシュアップ手法で「人生を楽しみたい」とありますが、**「同じ趣味の仲間と語らう」というのは、人生の楽しみのひとつ**ですね。「環境に対してしっかりした考えを持っている人」が集まる場所になるのですから、「カフェで交流してもらう」という切り口になるかもしれません。

「EVカフェで、未来を語り合おう！」

いかがでしょうか？

　心が惹かれるワードは人によって異なると思います。しかし、あなたが「心が惹かれる」と思ったのなら、他の人もそう思ってくれる可能性は高いのです。最初は、恐る恐る選ぶと思いますが、とにかくトライ＆エラーの気持ちで、どんどん試してください。

　また、「6つのブラッシュアップ手法」を使ってのブラッシュアップは慣れやカンが必要です。これも、実践を通じて経験を重ねていくことが大切です。

実践例③ 「ベジタリアン・バーガー店」

次はファーストフード店の例を紹介していきたいと思います。

たとえば、ハンバーガー店を出店したいと考えた場合、強力な競合店がひしめいていますので、差別化が重要になってきますね。

そこで、どのようなハンバーガー店を出したらいいか、ChatGPT にアイデアを出してもらいましょう。

プロンプト

「ハンバーガー店をオープンしたい。競合店とは異なるコンセプトにしたいがアイデアを出してください」

ChatGPT の回答

1. ヘルシー志向のハンバーガー：

競合店が一般的なジャンクフード志向であるのに対し、健康的なオプションに焦点を当てます。オーガニックの食材、低カロリー・低脂肪の選択肢、グルテンフリーのパティなどを提供します。

2. 地元産素材にこだわる：

地元の農産物や畜産物を使用し、地域の経済を支援します。季節ごとに異なる地元の特産品を取り入れたり、地元の農家や漁師と提携して新鮮な食材を提供します。

3. カスタマイズ可能なメニュー：

顧客が自分の好みに合わせてハンバーガーを作れるようにします。トッピング、ソース、パティの種類など、多彩な選択肢を提供して、個々の好みに合わせたハンバーガーを楽しめるようにします。

4. 世界各国の味を取り入れる：

インターナショナルなハンバーガーメニューを提供します。たとえば、メキシコ風のハンバーガー、日本風のハンバーガー、イタリア風のハンバーガーなど、世界中の料理からインスパイアされたバリエーションを楽しめます。

5. エコフレンドリーなオプションを提供する：

リサイクル可能な容器や再利用可能なストローを使用し、環境に配慮した取り組みを行います。また、廃棄物の削減やエネルギーの節約など、持続可能なビジネスモデルを採用します。

6. ソーシャルビジネス：

ある特定の社会問題に焦点を当て、その解決に貢献します。たとえば、ホームレス支援や食糧不足対策など、地域社会への貢献を目指します。一部の収益を寄付する取り組みも行うことができます。

これらのアイデアは、従来のハンバーガー店とは異なるコンセプトを提供するためのヒントとなるでしょう。場所やターゲット市場に応じて、それらを組み合わせたり、新しいアイデアを導入したりすることができます。

いかがでしょうか？

さまざまな角度からアイデアが出されたと思います。「5. エコフレンドリーなオプションを提供する」「6. ソーシャルビジネス」は利益が出るのかという心配がありますね。

その他のアイデアについては面白いと思いましたが、その中でも、「1. ヘルシー志向のハンバーガー」に注目しました。通常、ハンバーガーはジャ

ンクフードとして扱われてしまう中、その逆のポジションを作るというのは良いのではないでしょうか？

じつは、私の妻はアメリカ人でベジタリアンでもあります。そういう彼女の視点で見ると、外国人にも喜ばれる「ベジタリアン・バーガー」というアイデアを思いつきました。

このアイデアについて ChatGPT を使って、「ターゲットの明確化」という点で少し掘り下げてみましょう。

プロンプト

「ベジタリアン・ハンバーガー店をオープンしたい。どのような顧客が見込めますか？　たとえば、ビジネスパーソンのランチ需要など、具体的な顧客像を教えてください」

ChatGPT の回答

1. ビジネスパーソンのランチ需要：

都市部に位置する場合、ビジネスパーソンが昼食に求める需要があります。多くのビジネスパーソンは健康的で軽い食事を好む傾向があり、ベジタリアン・ハンバーガー店の提供する栄養価の高いオプションは彼らの需要にマッチします。

2. ベジタリアンやビーガンのコミュニティ：

ベジタリアンやビーガンの人々は、自分たちの食事のニーズに合致する場所を探しています。そのため、ベジタリアン・ハンバーガー店は彼らのコミュニティから支持を受ける可能性が高いです。

3. 健康志向の消費者：

健康志向の消費者は、食事選択において栄養バランスや食材の質に重点

を置いています。彼らはベジタリアン・ハンバーガー店で提供される健康的で栄養価の高い食事を求めるでしょう。

4. 地元の学生や若者：

地元の学生や若者は、新しい食品体験を求めることがあります。特にベジタリアンやビーガンの若者は、友人や仲間と一緒に集まり、新しい食事体験を楽しむためにベジタリアン・ハンバーガー店を訪れる可能性があります。

5. 外国人観光客：

日本を訪れる外国人観光客の中には、ベジタリアンやビーガンの方もいます。彼らは日本での食事において、自分たちの食事制限に合致する場所を探しています。ベジタリアン・ハンバーガー店は、彼らにとって選択肢の一つとなります。

6. 海外出張者や留学生：

日本に長期滞在する海外出張者や留学生も、ベジタリアン・ハンバーガー店を利用する可能性があります。彼らは日本の伝統的な食事に慣れておらず、自国の食習慣に合致する場所を求めるでしょう。

いかがでしょうか？

どのターゲットにも需要がありそうですね。逆に、オープン時にはどのターゲットをメインで狙っていくべきか迷ってしまいます。そこで、メインターゲットはどれにすべきかを ChatGPT に尋ねてみましょう。

プロンプト

「それらターゲットの中で一番売り上げが見込めるのはどれですか？」

売り上げが見込めるターゲットを考える際には、需要の大きさや消費者の支出能力、競合他社の存在などを考慮する必要があります。提供される商品やサービスの質や独自性も重要です。

上記のターゲットの中で一番売り上げが見込めると考えられるのは、ビジネスパーソンのランチ需要です。都市部に位置するベジタリアン・ハンバーガー店は、昼食の需要が高い地域にあり、ビジネスパーソン向けの栄養価の高い軽食を提供することで需要を取り込むことができます。また、多くのビジネスパーソンは健康志向が高く、軽い食事を好む傾向がありますので、ベジタリアン・ハンバーガー店の提供する健康的なオプションは彼らにマッチします。競合他社が少ない場合や、提供される商品やサービスの質が高い場合、ビジネスパーソンのランチ需要をターゲットにすることで高い売り上げを見込むことができるでしょう。

なるほどですね。では、ここでまとめてみましょう。

ターゲットの明確化 ・・・

☞ **健康志向が高く、軽食を好むビジネスパーソンのランチ需要を狙う。**

差別化ポイント ・・・

☞ **ジャンクフードとは真逆。ヘルシー志向のベジタリアン・バーガー店。オーガニックの食材、低カロリー・低脂肪の選択肢、グルテンフリーのパティ、大豆を原料にしたベジミートを使用。**

では、いよいよキャッチコピーの基本形を作っていきますが、せっかくなので店名を先に決めましょう。

「ビジネスパーソンをターゲットにした、ベジタリアン・バーガー店の店舗名をその由来とともに提案してください」

ChatGPT の回答

店舗名：

1.「グリーンリフト・バーガー」：
「グリーン」は健康的で環境に配慮したイメージを表し、「リフト」はビジネスパーソンが活力を取り戻すことを意味します。つまり、この店舗名は健康と活力を提供するベジタリアン・バーガー店を表現しています。

2.「ベジビズ・バーガー」：
「ベジ」はベジタリアンを示し、「ビズ」はビジネスを指します。この店舗名はビジネスパーソン向けのベジタリアン・バーガー店であることを明示しています。

3.「エコフューエル・バーガー」：
「エコ」は環境に配慮した、の意味を持ち、「フューエル」はエネルギーを与えるという意味です。この店舗名は健康的で環境にやさしいバーガーを提供することを表しています。

4.「ビーガン・ビジネス・バーガー」：
「ビーガン」は完全な植物性食品を指し、「ビジネス」はビジネスパーソンを示します。この店舗名はビジネスパーソン向けの完全な植物性バーガーを提供することを示しています。

5.「グリーンオフィス・バーガー」：

「グリーン」は健康的で環境に配慮した意味を持ち、「オフィス」はビジネス環境を指します。この店舗名はオフィスでの健康的な食事の提供を意味しています。

「グリーンリフト」「エコフューエル」は意味が伝わりませんね。「グリーンオフィス」はグリーンがオフィスに掛かっていることから「緑のオフィス」と意味をミスリードしそうです。

「ベジビズ・バーガー」または、「ビーガン・ビジネス・バーガー」ということになるのですが、これは好き好きということで、私は「ベジビズ・バーガー」を選びたいと思います。英語表記だと、Veggie Biz Burger です。というわけで、さっそく、「キャッチコピーの基本形」を ChatGPT に作ってもらいます。素材へのこだわりとともに、ベジタリアン向けであることを強調していきましょう。

プロンプト

「ビジネスパーソンをターゲットにした、ベジタリアン・バーガー店の店舗名は Veggie Biz Burger に決定。告知用のキャッチコピーを数案提案してください。素材には特にこだわりがあり、オーガニックの食材、低カロリー・低脂肪の選択肢、グルテンフリーのパティ、大豆を原料にしたベジミートを使用しています。ベジタリアンを強調してください」

ChatGPT の回答

1.「ベジタリアンのための最高級バーガー体験。ビジネスの合間に、心も体も満たされる。」

2.「完璧なバランス、完璧な味。ベジタリアン・ビジネスパーソンのた

めの特製バーガー。」

3.「ビジネスパーソンのためのベジタリアン・パラダイス。オーガニックの素材で心地よいランチ。」

4.「ベジタリアンのためのビジネスランチの革命。グルテンフリー、低カロリー、ハイタンパクのベジバーガーでエネルギーを補給。」

5.「ビジネスの合間に、自然の恵みで満たされる。オーガニックベジタリアンバーガーで心も体もリフレッシュ。」

いかがでしょうか？

今回は珍しく、ヘンな表現、意味がわからないワードはありませんでした。では、この「キャッチコピーの基本形」を完成形にしていきましょう。

1.「ベジタリアンのための最高級バーガー体験。
　 ビジネスの合間に、心も体も満たされる。」

最初のキャッチコピーで注目したのは、「心も体も満たされる」という言葉でした。逆に言えば、仕事中は満たされていないということで、これは**「ターゲットが不満に思っていることを投げかける」手法**が使えないかと考えたわけです。

しかし、「満たされない」という言葉よりも、仕事に親和性のある言葉のほうがいいでしょう。

そこで、「疲れる」という一般的な言葉に変換して、「満たされる」も、「リフレッシュ」とわかりやすい言葉に変換してみました。

「仕事って、疲れますよね？」
　ベジタリアン・バーガーで、心もカラダもリフレッシュ！

---

2. 「完璧なバランス、完璧な味。
　ベジタリアンビジネスパーソンのための特製バーガー。」

「完璧なバランス」とはつまり、「バランスの良い食事」を意味していると思います。

　本来なら、肉や野菜をバランス良く取ることを意味しているのですが、現代人は野菜不足になりがちなので、ランチぐらい「野菜を食べましょう」という考え方はありますよね。
「外食こそ、バランス良く、野菜を食べなさい」という意味で、6つのブラッシュアップ手法の中の**「短く言い切る」手法**を使ってみましょう。

　外食こそ、バランス良く。ベジタリアン・バーガー誕生

---

3. 「ビジネスパーソンのためのベジタリアン・パラダイス。
　オーガニックの素材で心地よいランチ。」

　これは、「ベジタリアン・パラダイス」という言葉に強い印象を受けました。これを簡潔に言うことで、強さを出したいのですが、欲を言えばさらに「オーガニック」「身体に良い」「リフレッシュ」「ストレス解消」的な表現も加味したいところです。

　そこで、6つのブラッシュアップ手法の中から**「言葉尻をいじる」手法**の関連語を探ってみましょう。たとえば、「リフレッシュ」という言葉の

関連語だと、「リラックス」「癒し」などが出てきます。

「ベジタリアン・パラダイス」がカタカナなので、ここは漢字を使ってみましょう。

> キャッチC案

癒しの、ベジタリアン・パラダイスへ。

4.「ベジタリアンのためのビジネスランチの革命。
グルテンフリー、低カロリー、ハイタンパクのベジバーガーでエネルギーを補給。」

これは、「ビジネスランチの革命」という言葉に惹かれました。「革命」ということなので、今までの常識を覆すという意味をつけなければいけません。今までの常識では、「ハンバーガーはジャンクフード」というものがありましたよね。しかし、ベジタリアン・バーガーは真逆なわけですから、「革命」と言えなくもありません。

そこで、6つのブラッシュアップ手法の中から**「世の中の疑問を投げかける」手法**を取り入れてみましょう。普段、ジャンクフードを食べている人の心に刺さるかもしれません。

> キャッチD案

「え、まだジャンクフードなの!?」
ビジネスランチ革命 ベジタリアン・バーガー誕生。

5.「ビジネスの合間に、自然の恵みで満たされる。
オーガニックベジタリアンバーガーで心も体もリフレッシュ。」

「自然の恵み」「心も体もリフレッシュ」はどちらも、「野菜は良い」ということを言いたいのですね。この案では、**「世の中の真実を述べる」手法**をあえて使ってみたいと思います。

　グーグルで「野菜の効果　データ」と検索してみると「野菜摂取の目標量を食べている成人は約３割」というデータが出てきました。これは使えそうですよね。普段、野菜不足を感じている人は、数字で訴えられると効き目がありそうです。

キャッチＥ案

野菜をしっかり食べる人は、たった３割。
オーガニックベジタリアン・バーガー誕生。

実践例④ 「沖縄そば店」

今回の例には、3章で紹介した「沖縄そば店」を取り上げてみます。

すでにみなさんも、その背景となる情報はインプットされていると思いますので、さっそく、やってみましょう。

プロンプト

「千葉の勝浦にある沖縄そば店を、近くの国道にあるビルボード*で宣伝したい。そのキャッチコピーを数案考えてください。この店の売りはとろけるようなソーキ（豚肉）で、ご主人は石垣島の出身、女将さんは地元勝浦の出身です」

＊ビルボードは広告の媒体としても利用されます。街中や交通量の多い場所に設置された大きな看板や広告板のことを指し、通行人やドライバーの目を引くためにさまざまな広告が掲示されます。

ChatGPT の回答

1. "勝浦の隠れた極上沖縄そば！
   とろけるソーキ豚肉の魅力にうっとり♪"

2. "石垣島の美味を勝浦で堪能！濃厚とろけるソーキ豚肉沖縄そば☆"

3. "石垣島出身のご主人が手掛ける勝浦の隠れた名店！
   絶品とろとろソーキ沖縄そば"

4. "勝浦の至福、地元女将さんと味わう本場のソーキ豚肉沖縄そば！"

5. "南国の風味が勝浦に舞い降りる！
   とろけるソーキ豚肉沖縄そば専門店"

6. " 勝浦発！極上ソーキ豚肉の絶品沖縄そば。
　　石垣島の味覚がここにあり！ "

7. " 地元愛あふれる勝浦の味！
　　とろけるソーキ沖縄そば、心温まるご主人と女将の笑顔と共に。 "

8. " 旨味あふれるソーキ豚肉の誘惑！
　　勝浦の究極沖縄そばを堪能せよ。 "

いかがでしょうか？
では、さっそく、ブラッシュアップしていきましょう。

---

1. " 勝浦の隠れた極上沖縄そば！
　　とろけるソーキ豚肉の魅力にうっとり♪ "

　最初からいい感じのキャッチコピーがでてきましたね。
　まず気になったのは「隠れた」という言葉。その考えを活かして「隠れた名店」としていく手もあるのですが、逆に「グーグルマップでは評価が高く、知られている」。つまり、隠れているどころか、最近、有名になっていることを思い出しました。
　そこで、**「納得させる」**手法の**「権威の言葉」**で考えればこっちのほうが良さそうです。「とろける」「うっとり」は対句にも感じられそのまま使いましょう。「魅力」はすでに「うっとり」に含まれるので省けます。

　　キャッチＡ案

　　「勝浦の "沖縄そば" が Google MAP で高評価！

とろけるソーキ豚肉にうっとり♪」

---

2. "石垣島の美味を勝浦で堪能！　濃厚とろけるソーキ豚肉沖縄そば
☆"

このままでも成立しますが、**「なぜと思わせる」手法**を使うと、もっと
引きが強くなります。

キャッチＢ案

「なんで、石垣島の味が勝浦で？
　濃厚とろけるソーキの沖縄そば」

---

3. "石垣島出身のご主人が手掛ける勝浦の隠れた名店！
絶品とろとろソーキ沖縄そば"

「手掛ける」というのが、説明っぽい印象ですね。「ひらたい言葉」で
言うと、「こだわり」なんかがはまりそうです。
「言葉尻をいじる」手法の中の**「ひらたく言う」**を使ってみましょう。「勝
浦の隠れた名店」はありですが、内容が多すぎるので省きましょう。

キャッチＣ案

「石垣島ご主人のこだわり！
　絶品とろとろソーキの沖縄そば」

---

4. "勝浦の至福、地元女将さんと味わう本場のソーキ豚肉沖縄そば！"

「女将さんが勝浦出身」というのは物語としてはありですが、キャッチコピーにする優先順位からすると弱いですね。この案は却下。

---

5. " 南国の風味が勝浦に舞い降りる！
    とろけるソーキ豚肉沖縄そば専門店 "

「南国の風味が勝浦に舞い降りる」というのは大げさな感じがしますし、南国と言うと、ハワイなどの海外をイメージしてしまいます。この案も、飛ばしましょう。

---

6. " 勝浦発！　極上ソーキ豚肉の絶品沖縄そば。
    石垣島の味覚がここにあり！ "

「石垣島の味覚」という言葉に注目しました。しかし、一般の人から見ると、「どんな味覚なの？」と、はっきりしませんね。ですから、このままの使用は難しい。

　たとえば、北海道なら「新鮮な牛乳で作った○○」というふうに、もう少し具体的なものがあると良いと思います。そこで、ユーグレナ麺のことを思いだしました。ブラッシュアップ手法の**「驚かせる」**の中に**「焦らせる」**というものがあります。この手法が使えるのではないでしょうか。

　　　キャッチD案

　　「限定20食のユーグレナ麺。
　　　石垣島の味覚、沖縄ソーキそば」

---

7. " 地元愛あふれる勝浦の味！

とろけるソーキ沖縄そば、心温まるご主人と女将の笑顔と共に。"

「地元愛あふれる」、または、「地元に愛されるそば屋」と聞けば、観光客は興味を持ってくれるでしょう。そして、観光客がビルボードを見るのは、ほとんど自動車に乗っているシーンのはずです。よって、**「ターゲットを絞る」**手法を使い、「ドライブ途中のあなた!」と呼びかければ、「地元愛あふれる」というキャッチコピーがさらに際立つ予感がします。

6つのブラッシュアップ手法は、キーとなるメッセージを決めたら、それをどうしたら、さらに際立たせることができるかを考えるのに有効なのです。

キャッチE案

「ドライブ途中のあなた!
地元に愛される"沖縄そば"は、すぐそこ!」

---

8. " 旨味あふれるソーキ豚肉の誘惑!
勝浦の究極沖縄そばを堪能せよ。"

「キャッチコピーの基本形」のブラッシュアップ手法を見る際、「まだ、使っていない手法はないかな?」と考えてみましょう。
「そういえば、ダジャレって使ってない」と、ちょっと無理やり感がありますが……。**「言葉尻をいじる」**手法の**「ダジャレ」**を使ってみましょう。

キャッチF案

「とろけるソーキが、とんでもスーキ!
勝浦の沖縄そば」

いかがでしょうか？
ご自身でもやってみたくなりましたでしょうか？
では、次の例をご紹介します。

実践例⑤「地元の歯医者」

　私が長くコンサルタントをしている企業で、大手の歯科医院があります。じつは歯科は全国で、コンビニを超える医院数があると言われています。

　過当競争がますます激しくなる中、この本を読まれている方にも、歯科医院を経営してマーケティングに興味を持たれている方はいるのではないでしょうか。

　そこで、今回は歯医者さんの医院前に置く看板のキャッチコピーということで考えてみたいと思います。

プロンプト

「あなたは住宅地にある歯科医院の経営者です。保険診療では経営が難しいので、歯列矯正の患者さんを増やしたく、医院前の看板にキャッチコピーを入れたいと考えています。この医院の優れた点は、《歯列矯正が業界最短》です。キャッチコピーの候補を考えてください」

ChatGPT の回答

1.「業界最速の笑顔へ。最短矯正で理想の歯並びを手に入れよう」

2.「短期間で理想の歯並び。業界トップのスピード矯正を体験しよう」

3.「驚きのスピードで理想の笑顔へ。最短時間で歯並びを整えます」

4.「時短矯正で理想の美しい歯並びを手に入れるチャンス」

5.「急速矯正で変わる、驚きの美しい歯並び。最短期間で叶えます」

6.「光速歯並び！ 業界最速の矯正で素敵な笑顔を手に入れよう」

7.「タイムマシンのような速さで美しい歯並びを。
 業界最短の矯正で未来の笑顔を創造します」

いかがでしょうか？
では、さっそく、ブラッシュアップしていきましょう。

---

1. 業界最速の笑顔へ。最短矯正で理想の歯並びを手に入れよう。

 最初からいい感じのキャッチコピーができてきましたね。
 まず気になったのは「笑顔」という言葉。歯科医院のコンサルをしていて、よく院長先生から聞くのは、「矯正後の患者さんがとても元気な笑顔を見せて、考え方もさらにポジティブに変わる」という話でした。たしかに笑顔の美しい人は、「美しさ」＋アルファの魅力を感じますよね。
 ここでは**「短く言い切る」手法**で若干手直ししましょう。

キャッチＡ案

「業界最速の笑顔へ。最短矯正で理想の歯並びを手に」

---

2. 短期間で理想の歯並び。業界トップのスピード矯正を体験しよう。

 またまたいい感じのキャッチコピーができてきました。
「業界トップのスピード矯正」はそのものズバリで力があります。「短期間」という言葉は「スピード矯正」の言葉に含まれているので、意味が重複する場合は削っていき、残した言葉を強めていくことが必要です。ここ

は**「短く言い切る」**手法で手直ししましょう。

キャッチB案

「業界トップのスピード矯正」

---

3. 驚きのスピードで理想の笑顔へ。最短時間で歯並びを整えます。

　言っていることはそのまま OK ですが、他のフレーズのような心に響くワードがないように思います。ただし、これは私の感想なので、もしもあなたがヒントになるワードを見つけたらトライしてください。

---

4. 時短矯正で理想の美しい歯並びを手に入れるチャンス。

「時短矯正で理想の美しい歯並び」は意味が合っていますが、そのままの感じです。ちょっと「6つのブラッシュアップ手法」を眺めてみましょうか。たとえば、普通なら矯正には時間がかかると思われていますから、**「え!?と問いかける」**手法を使ってみましょう。

キャッチC案

「矯正に時間がかかるはウソだった?!
　時短矯正で理想の歯へ」

---

5. 急速矯正で変わる、驚きの美しい歯並び。最短期間で叶えます。

「急速矯正」というのは言いすぎな感じですね。ChatGPT では過度に表現することがあるので、その点は要注意です。

「叶えます」は、憧れや夢が叶うという意味になるので、何か発想できるかもしれませんね。長年、歯にコンプレックスを感じている人には「笑顔になれない」という悩みがあるとのこと。そういう方が矯正後に満面の笑顔を見せて、「笑顔がふえたら、友達がふえた」と言っていたと歯科医の方から聞いたのですが、このファクトを使うのは実感がこもっていいのではないでしょうか。

「世の中の真実を述べる」手法というわけです。**キャッチコピーをブラッシュアップする際は、ご自身が現場で見たり聞いたり、感じたりしていることを活かす**ことも考えみてください。現場の声は説得力があるものです。

キャッチD案

「笑顔がふえたら、友達がふえた。
　最短期間で叶える歯列矯正」

---

6. 光速歯並び！　業界最速の矯正で素敵な笑顔を手に入れよう。

7. タイムマシンのような速さで美しい歯並びを。
　業界最短の矯正で未来の笑顔を創造します。

「光速歯並び」「タイムマシンのような速さ」も過度な表現ですね。
　ただ時折、この過度な表現に面白いアイデアを見つけることがあるので、それを思いついた際は、ブラッシュアップ手法などを活用しながらトライしてみるのが良いと思います。しかし、今回の案では却下としましょう。

実践例⑥ 「ＢＭＷ５シリーズDays」

　今回は私の得意分野であるＢＭＷを例に取り上げてみます。

　ＢＭＷショールームのイベント"ＢＭＷ５シリーズ Days"に集客するためのDM（ダイレクトメール）を作ることとします。果たして、ＢＭＷのようなプレミアム商品のキャッチコピーが ChatGPT を使ってできるのか。では、やってみましょう。

プロンプト

「ＢＭＷショールームのイベント"ＢＭＷ５シリーズ Days"に集客するＤＭのキャッチコピーを考えてください。発送する顧客リストは趣味がゴルフの人。当日の来場者にはＢＭＷ５シリーズでゴルフ場までテストドライブできる特典があります」

ChatGPT の回答

1.「Golf 愛好家のための究極のドライビング体験、ＢＭＷ５シリーズで！」

2.「ゴルフ好きに朗報！　新ＢＭＷ５シリーズでゴルフ場までドライブしよう！」

3.「ティーオフからゴールまで、ＢＭＷ５シリーズの走りを体感せよ！」

4.「ゴルフスタイルが進化する。ＢＭＷ５シリーズでテストドライブ！」

5.「Golf 愛好家注目！　特別なテストドライブ特典をプレゼント！」

6.「ゴルフ場までの道、ＢＭＷ５シリーズなら楽々！」

いかがでしょうか？

　ざっと見たところ、肝心のＢＭＷ５シリーズの走りの魅力が書かれていませんね。そこで、走りの魅力だけを掘り下げた「キャッチコピーの基本形」も出してみましょう。その際、ゴルフ場に向かうシチュエーションなので、コーナリングの良さを表したものにしてみます。

プロンプト

「ＢＭＷ５シリーズのコーナリングが素晴らしい、スポーティな走りを訴求するキャッチコピーを考えてください」

ChatGPTの回答

A.「理想のラインを描く、ＢＭＷ５シリーズのスポーティな走り。」

B.「コーナリングの極み、新しいＢＭＷ５シリーズが魅せる。」

C.「曲がる喜び、ＢＭＷ５シリーズのスポーティな走りを満喫。」

D.「ダイナミックなコーナリング、ＢＭＷ５シリーズが心躍らせる。」

E.「コーナーを攻略せよ、スポーティなＢＭＷ５シリーズで。」

F.「シャープなコーナリング、ＢＭＷ５シリーズのスポーティな走りを体験せよ。」

このように切り口を変えたキャッチコピーも参考にできます。では、上記のキャッチコピーも参考にしながら、最初の「キャッチコピーの基本形」をブラッシュアップしていきましょう。

1.「Golf 愛好家のための究極のドライビング体験、ＢＭＷ５シリーズで！」

Golf 愛好家というのは古臭い言い方ですが「究極」は使えそうですね。今回は**「関連語」という手法**を使って対の言葉を考えてみましょう。**関連語を対にして見せると、それだけでキャッチコピーらしく見えます。**

また、「ドライビング」を使うのであれば、同様にカタカナで「ゴルフ」としたほうが見栄えがよくなりますね。

キャッチＡ案

「至福のゴルフと、究極のドライビング。
ＢＭＷ５シリーズ Days」

2.「ゴルフ好きに朗報！　新ＢＭＷ５シリーズでゴルフ場までドライブしよう！」

「ゴルフ場までドライブ」という考え方はいいですね。

ただし、今回の企画はＢＭＷのテストドライブ。その点を強調したいところです。つまり、「ゴルフ場への道が試乗コースになる」ということ。普通に考えれば、試乗は自動車ディーラーの周りを一周するくらいですから、かなり特別なことです。この点を、６つのブラッシュアップ手法の中の**「え!? と問いかける」手法**を使って強調するのはありだと思います。

「ゴルフ場への道が、試乗コースになる?!
　BMW5シリーズDays」

3.「ティーオフからゴールまで、BMW5シリーズの走りを体感せよ！」
　　　　　　　　　　　　　×
F.「シャープなコーナリング、BMW5シリーズのスポーティな走りを
　　体験せよ。」

「ティーオフからゴールまで」はちょっと意味がわかりませんね。ここでは「シャープなコーナリング、BMW5シリーズのスポーティな走りを体験せよ」をベースにしたいと思います。

　このように**2種類のプロンプト**から出た回答を参考にすると、「キャッチコピーの基本形」の制作を容易にできることがあります。

「シャープなコーナリング」は、BMWを体験したときに感じられる長所のひとつですから、「それを体験できる」というキャッチコピーはまさに王道でしょう。ただし、「シャープ」と「コーナリング」はともにカタカナなので、文字面が良くありません。そこは改善すべき点ですね。何にしてもここは**「短く言い切る」手法**で手直ししましょう。

「鋭いコーナリングを、いつものゴルフで体感せよ。
　BMW5シリーズDays」

4.「ゴルフスタイルが進化する。BMW5シリーズでテストドライブ！」
　　　　　　　　　　　　　×
A.「理想のラインを描く、BMW5シリーズのスポーティな走り。」

このままではちょっと難しいので、スポーティな走りを訴求するキャッチコピーからＡ「理想のラインを描く、ＢＭＷ５シリーズのスポーティな走り」を使ってみましょう。ＢＭＷのドライビングには、「思いのままハンドリングできる」という特性があります。これは、「理想のラインを描く」ということと同じ意味で常套句として使われています。

　このまま使うのもありですが、もう少し頭をひねってみましょう。

　今回の企画はゴルフ好きのターゲットに対してでした。そこで、「理想のライン」と言えば、「パッティング」が連想できるわけです。**「言葉尻をいじる」**手法に**「メタファー（隠喩）」**がありましたね。「理想のパッティングのライン」を「理想のコーナリングのライン」とダブルミーニングにすることはできそうです。

　　キャッチＤ案

　「理想のラインを描く、パッティングも、コーナリングも。
　　ＢＭＷ５シリーズ Days」

5.「Golf 愛好家注目！特別なテストドライブ特典をプレゼント！」

「Golf 愛好家注目」を見て、そもそもこのＤＭの出発点はＢＭＷオーナーに「趣味がゴルフ」が多いことを思い出しました。「共感させる」の中に**「ターゲットを絞る」**手法がありますが、もともと、「ゴルフ好きで、ＢＭＷに興味がある」と、かなり絞り込まれたターゲットに対してですから、そこを真正面に問うてみる、**「え!?　と問いかける」**手法でアプローチしてみましょう。

　　キャッチＥ案

　「ＢＭＷオーナーは、なぜゴルフ愛好家が多いのか？

ＢＭＷ５シリーズ Days」

6.「ゴルフ場までの道、ＢＭＷ５シリーズなら楽々！」

　このキャッチが言いたいことは「ゴルフ場までの道は長くて退屈。だけど、ＢＭＷなら楽々」ということですね。

　今回は、具体的な**「数字で驚かせる」手法**を使ってみましょう。

　長い距離なのに、ＢＭＷ５シリーズで走ると短く感じるというロジックはどうでしょうか？　その「長い」「短い」を具体的な数字にしてしまうのです。

　たとえば、薬局で長く待たされた人が、「長時間、待ってます」と言うより、「２時間以上、待ってます」と言ったほうがインパクトがありますね。それと同じです。

> キャッチＦ案

　「100km のゴルフ場が、1km に感じられた。
　　ＢＭＷ５シリーズ Days」

　いかがでしたでしょうか？

　ChatGPT で提案された言葉をそのまま使うときもあるし、その考え方だけもらって、それを「キャッチコピー・6つのブラッシュアップ手法」とにらめっこしながら、違う言葉に変換したこともありましたね。

　ちょっと慣れが必要かと思いますが、あなたもできるようになりますので、何度もトライしてみてください。

　では、次の章に行ってみましょう。

7章

ChatGPTで、さらに先を読ませる「ボディコピー」だって作れてしまう!

コピーライティングの すべてを完成させよう

　この章では、6章で完成したキャッチコピーをもとにChatGPTで補足の文章となる「ボディコピー」を作ってみましょう。下の図を見て、もう一度、ボディコピーとは何かを思い出してください。さらに詳しい補足も紹介しておきますので、ご覧ください。

コピー（広告文章）の構成

キャッチコピー ＝ 見出し

サブキャッチコピー（必要時）＝ キャッチコピーの補足

ボディコピー ＝
キャッチコピーを受けて、あなたが言いたいことを言いきる文
※顧客の行動を促すオファの文を「クロージングコピー」と切り分けて言う場合もある。

スペックコピー ＝ 価格、連絡先、製品内容などの詳細

コピーライティング ＝ コピーを書くこと

「ボディコピー」って何？

　ボディコピーはキャッチコピーに続く文章で、より詳細な情報や説明を提供します。

　キャッチコピーで引きつけた読者や視聴者の注意をキープし、**商品やサービスの利点や特長、価格、使用方法などを具体的に説明**します。ボディコピーは、商品やサービスの魅力をさらに説明し、顧客に製品やサービスを理解してもらうために重要です。

　しっかりとした情報提供や説得力のある議論を通じて、顧客の関心を保ち、購買に結びつける役割を果たします。

では、さっそく、実践例を見ながら解説していきます。

［　実践例①　「車中泊キャンプ用品店」］
……トップページ

　さて、6章で「キャッチコピーの完成形」を作りましたが、ここでは、その後に続くボディコピーを作っていきたいと思います。

　最初に取り上げるのは「車中泊キャンプ用品店」。Auto Camping Gear World ウェブサイトの「トップページ」に入るキャッチコピーと、それに続くボディコピーを作っていきましょう。

　トップページとはウェブサイトの最初のページです。通常、グーグルなどで検索すると、まずこのトップページが表示されます。通販サイト、たとえば楽天市場なら、そのショップの最初のページとなります。

　6章で、Auto Camping Gear World のキャッチコピーは次ページの5案となりました。今回はこの中からひとつ選んでボディコピーを書いていきたいと思います。

「クルマが、快適ベッドになるの？　本格ギアはここに」

キャッチB案

「宿泊費0円。車中泊キャンプの本格ギアはここに」

キャッチC案

「昨夜はさざ波のそばで、今夜は森の中で眠りにつく。
車中泊キャンプの本格ギアはここに」

キャッチD案

「30年以内に大地震が起こる可能性70%。
車中泊の本格ギアがここに」

キャッチE案

「移動するホテルをつくろう。車中泊の本格ギアがここに」

どの案を選ぶのか、迷うところですよね。

今回のお題は、**トップページのキャッチコピーなので、「車中泊」の魅力の一部を表現するのではなく、全体をくくれるようなもの**がいいと思います。

たとえば、A案なら寝具に寄りすぎていますし、B案も経済的としか言っていません。C案は全体のことを言っていると言えなくもないですが、購買欲を刺激するほどの強さはありません。D案は「万一の備え」としてのみ言えているので、これも全体をくくれるものではありません。

最後のE案はどうでしょうか？　これなら、全体をくくれる考えですし、「自分好みの車中泊車をつくろう」と言っているので、まさに商品の購買に強く結びついています。よってキャッチコピーはE案の「**移動するホテルをつくろう。車中泊の本格ギアがここに**」に決定して、その補足となるボディコピーを制作していきましょう。

「車中泊キャンプのネットショップ（店名 Auto Camping Gear World）を作ります。そのトップページを書いてください。トップページ全体のキャッチコピーは『移動するホテルをつくろう。車中泊の本格ギアがここに』で、それを受けるボディコピーをお願いします」

1. 移動するホテルをつくろう。車中泊の本格ギアがここに。
Auto Camping Gear World

2. 自然とともに、快適な宿泊体験を。
Auto Camping Gear World では、あなたの車が移動するホテルとなる、自由な旅の新たなスタイルを提案します。豊富なラインアップの車中泊ギアで、車が快適なベッドに変身します。寝袋からテント、収納ボックスまで、すべてのアウトドア愛好家に必要なアイテムを揃えています。

3. 自由な旅をサポートするギア
自然の中での贅沢な宿泊体験を手に入れましょう。快適な睡眠と安全な旅を実現するための優れた装備を取り揃えています。車中泊キャンプの新しい魅力を発見し、自由な旅をサポートするギアを Auto Camping Gear World で見つけてください。

いかがでしょうか？

このままでも悪くはないのですが、前回作ったキャッチコピーの別案を少し活かしてみましょう。

たとえば、**ChatGPT の回答にある**「自然とともに、快適な宿泊体験

を。」に続くボディコピーブロックに、キャッチＣ案の「**昨夜はさざ波の そばで、今夜は森の中で眠りにつく**」という一文を加味したらどうなるで しょうか？

プロンプト

「上記のボディコピーに『昨夜はさざ波のそばで、今夜は森の中で眠り につく』を加味してください」

ChatGPT の回答

自然とともに、快適な宿泊体験を。

Auto Camping Gear World では、あなたの車が移動するホテルとなる、 自由な旅の新たなスタイルを提案します。豊富なラインアップの車中泊 ギアで、車が快適なベッドに変身します。昨夜はさざ波のそばで、今夜 は森の中で眠りにつくような、夢のような宿泊体験を手に入れましょう。

というように ChatGPT のほうで適当な箇所に加味することもできる のです。そこで、もう少し手を加えたくなりました。

ボディコピーの４番目のブロックとして、**「万一の備え」という意味も 加えてみる**ことにしましょう。その際に「30 年以内に大地震が起こる可 能性 70％」というワードを入れ込むという寸法です。

プロンプト

「上記のボディコピーに４番目のボディコピーブロックとして、万一の 備えという意味も加えてください。その際に『30 年以内に大地震が起

こる可能性 70%』というワードを使ってください」

1. 移動するホテルをつくろう。車中泊の本格ギアがここに。
Auto Camping Gear World

2. 自然とともに、快適な宿泊体験を。
Auto Camping Gear World では、あなたの車が移動するホテルとなる、自由な旅の新たなスタイルを提案します。豊富なラインアップの車中泊ギアで、車が快適なベッドに変身します。昨夜はさざ波のそばで、今夜は森の中で眠りにつくような、夢のような宿泊体験を手に入れましょう。

3. 自由な旅をサポートするギア。
自然の中での贅沢な宿泊体験を手に入れましょう。快適な睡眠と安全な旅を実現するための優れた装備を取り揃えています。車中泊キャンプの新しい魅力を発見し、自由な旅をサポートするギアを Auto Camping Gear World で見つけてください。

4. 万一の備えも大切に。
30 年以内に大地震が起こる可能性 70% という現実を忘れずに。車中泊キャンプを楽しみながら、災害時に役立つ装備も揃えましょう。

いかがでしょうか？

今回はネットショップということなので、商品コピーにも挑戦してみましょう。4 章 67 ページで、商品ラインアップを ChatGPT で作った際に「折りたたみ式マットレス」が出てきましたね。この品名だけでは商品内容のイメージが不十分なので、実際に通販で売っている商品を参考にし

ながら、スペックを決めていきましょう。

商品名：折りたたみ式マットレス
特徴：高反発ウレタンを採用し、快適な寝姿勢を叶えます。
　　　軽量で、使わないときは折りたたんでコンパクトに収納。
　　　洗濯機で丸洗い OK。
　　　消臭・調湿・抗菌力を持つ竹炭を配合。
価格：9,800 円

　以上の内容で、小見出しとボディコピーを作ってみましょう。

　4 章 66 ページで「車中泊をする際に不便に感じること」を ChatGPT
に質問した際、**「寝心地の悪さ：車内での寝心地が悪く、快適な睡眠を得
られないことがあります。硬い座席や狭いスペースで寝ることは、身体の
疲れやストレスを引き起こす原因になります」**という情報を手にしていま
した。

　この点を解消するというコピーなら、ターゲットの心に刺さるかもしれ
ません。

プロンプト

「下記の内容で、Auto Camping Gear World の通販ページに掲載する商
　品コピーを作ってください。その際、訴求ポイントを参考にしながら、
　小見出しをお願いします。

　記
　商品名：折りたたみ式マットレス
　訴求ポイント：

車内では寝心地が悪く、快適な睡眠を得られないことがあります。
硬い座席や狭いスペースで寝ることは、身体の疲れやストレスを引き起こす原因になります。
このマットレスはそういう不便を解消します。

特徴：高反発ウレタンを採用し快適な寝姿勢を叶える。
軽量で、使わないときは折りたたんでコンパクトに収納。
洗濯機で丸洗い OK。
消臭・調湿・抗菌力を持つ竹炭を配合。
価格：9,800 円 」

ChatGPT の回答

車中泊の不快を一掃する、
折りたたみ式マットレス。

快適な睡眠は、車中泊の際には不可欠です。
硬い座席や狭いスペースで寝ることが
ストレスの原因になることは、よく知られています。
しかし、Auto Camping Gear World の車中泊・折りたたみ式マットレス
があれば、その不便を解消します。

【特徴】
快適な寝姿勢をサポート
コンパクトで収納しやすい
丸洗い可能で清潔を維持
竹炭配合で消臭・抗菌効果

価格：9,800 円

いかがでしょうか？

このままでも OK と言えなくはないのですが、6つのブラッシュアップ手法の「関連語」を使って若干の修正をしたいと思います。

ChatGPT の文章には**意味は合っているけど、文節上での相性が悪い言葉**があります。こういう言葉は関連語を探って、一番相性のいい文章に変えたいところです。

たとえば、「一掃する」という言葉ですが、「不快を一掃する」とは通常言いませんよね。普通なら、「不快をなくす」くらいでいいのではないでしょうか。

また、「不便を解消する」は、この場合、「不満を解消する」としたほうがしっくりきますね。

そのような箇所を見つけたら、違う表現に変えることで、完成度の高いコピーライティングになります。

ブラッシュアップ例

車中泊の不快をなくす、
折りたたみ式マットレス。

快適な睡眠は、車中泊の際には不可欠です。
硬い座席や狭いスペースで寝ることが
ストレスの原因になることは、よく知られています。
しかし、Auto Camping Gear World の車中泊・折りたたみ式マットレスがあれば、その不満を解消します。

実践例②　「EVカフェ」……プレスリリース

さて、ここで、あなたに課題を出したいと思います。

あなたへの課題

EV の充電中にくつろげる「EV カフェ」というお店をプレスリリース*
にして媒体社に送るとします。そのボディコピーを考えてください。

*プレスリリースとは、企業や組織が新製品、イベント、重要なアナウンスメントなどを報道機関
やメディアに公式に発表するための文書です。一般に、重要な情報を伝え、広報活動やマーケティ
ング戦略の一環として使用されます。

　さて、ChatGPT で作成する前に、6 章で作成したキャッチコピーを見
直し、どのキャッチコピーを使用するか？　また、他のキャッチコピーを
活かすことはできないかを考えていきます。

キャッチA案

　「EV カフェで電気と心を充電しよう！」

キャッチ B 案

　「充電スポットがないと嘆くあなた。EV カフェにどうぞ」

キャッチ C 案

　「EV カフェでバッテリーと心をチャージ！」

キャッチ D 案

　「退屈な充電時間を、カフェのひとときに。EV カフェ」

キャッチ E 案

　「あなただけの EV カフェ・コミュニティ」

キャッチ F 案

　「環境を思いやるあなたに。EV カフェ」

「EV カフェで、未来を語り合おう！」

いかがでしょうか？

今回は EV カフェのコンセプトを端的に表している D 案を使用しましょう。

また、他の案を参考にしてみると「環境を思いやる人」という考え方は良いですね。さらに EV オーナーの根本的な不満である「充電スポットがない」という視点も重要でしょう。

言葉としては「バッテリーと心をチャージ！」も使えそうです。「EV 仲間と語らう」という考え方もいいですね。それらを踏まえて、下記のようなプロンプトを ChatGPT に送りましょう。

プロンプト

「EV カフェという、EV の充電中にカフェでくつろげる店をプレスリリースにして媒体社に送りたいです。その本文を考えてください。

見出しは、『退屈な充電時間を、カフェのひとときに。EV カフェ』。

以下の 3 つのポイントを本文に加えたいです。

①充電スポットが少ないという EV オーナーの不満に応える。②環境を思いやる人の憩いの場所であり、そういう仲間と語り合えること。③『バッテリーと心をチャージ！』という言葉を入れる。」

ChatGPT の回答

【プレスリリース】

退屈な充電時間を、カフェのひとときに。EV カフェ

お客様へのさらなる快適な EV ライフを提供するため、我々は新しい斬新なコンセプトの「EV カフェ」を開店いたします。これは、EV オーナーの皆様が充電中にくつろげる快適なカフェを提供し、退屈な充電時間を楽しいひとときに変えることを目指した店舗です。

【充電スポットが少ないという EV オーナーの不満に応える】

EV オーナーの皆様にとって、充電スポットの少なさは日常的な課題となっています。我々の「EV カフェ」は、広範囲にわたる充電ステーションを完備し、充電スポットが限られている地域においても利便性を高めることをお約束いたします。お客様は心地よいカフェの空間で優雅にくつろぎながら、愛車のバッテリーをチャージすることができます。

【環境を思いやる人の憩いの場所であり、仲間と語り合えること】

「EV カフェ」は、環境への思いやりを大切にする方々のための憩いの場所としてもご利用いただけます。店内は環境に配慮したリサイクル素材を使用し、エネルギー効率の良い照明システムを採用しています。さらに、EV オーナー同士が集い、情報交換や経験共有を行うためのコミュニティスペースを設けています。おいしいドリンクとともに、新しい仲間と交流し、未来の持続可能な社会を築くためのアイデアを育む場所となるでしょう。

【バッテリーと心をチャージ！】

私たちのスローガン「バッテリーと心をチャージ！」は、EV カフェのコンセプトを象徴しています。お客様の大切な愛車のバッテリーだけでなく、心の充実も大切にすることを意味しています。忙しい日常から少しだけ離れ、おいしい飲み物を楽しみながらリラックスして過ごすことで、充電中の退屈な時間が穏やかな癒しのひとときに変わることを願っています。

「EV カフェ」は、EV ライフをより豊かなものにする新しいアプローチです。充電中の待ち時間を楽しいひとときに変え、共に未来を考える仲間と出会える場所として、地域社会に貢献してまいります。ぜひ、皆様のお越しを心よりお待ちしております。

【企業情報】
会社名：（企業名）
事業所：（住所）
ウェブサイト：（ウェブサイト URL）
お問い合わせ：（連絡先）

いかがでしょうか？

じつに内容の濃いものになったと思います。今回の ChatGPT ボディコピーはこのまま採用ということにしましょう。ただし、プレスリリースには注意点がありますので、実践練習の 8 章で詳しくご説明します。

では、次にいきましょう。

[実践例③ 「ベジタリアン・バーガー店」]
……チラシ

あなたへの課題

オフィス街にあるベジタリアン・バーガー店 Veggie Biz Burger を駅前で告知するために、チラシを作ることになりました。そのボディコピーを考えてください。

6章で新規オープンの外食店として紹介した「ベジタリアン・バーガー」の具体的な広告制作物を作ってみたいと思います。

まずはキャッチコピー案の復習をしましょう。

キャッチA案

「仕事って、疲れますよね？
ベジタリアン・バーガーで、心もカラダもリフレッシュ！」

キャッチB案

「外食こそ、バランス良く。
ベジタリアン・バーガー誕生」

キャッチC案

「癒しの、ベジタリアン・パラダイスへ」

キャッチD案

「え、まだジャンクフードなの?!
ビジネスランチ革命 ベジタリアン・バーガー誕生」

キャッチE案

「野菜をしっかり食べる人は、たった3割。
オーガニックベジタリアン・バーガー誕生。」

さて、どの案をキャッチコピーとして選びましょうか？

先ほどの車中泊用品ネットショップの際にも言いましたが、その商品やブランドの一部を表現するのではなく、もっと**全体をくくれるようなもの**がベストです。しかも、**力強い言葉だとさらに良い**ですね。

そういう意味では、C案の「癒しの、ベジタリアン・パラダイスへ」は魅力的だと思いました。

しかし、今回はビジネスパーソンを狙っているので、そういう意味を含ませたいとも思います。

そう考えると、A案の「仕事って、疲れますよね？ ベジタリアン・バーガーで、心もカラダもリフレッシュ！」なんかは惹かれます。

そういう場合は奥の手がありまして、キャッチコピーにプラスして、**サブキャッチコピーをつける**という方法です。つまり、このような感じです。

ブラッシュアップ例

癒しの、ベジタリアン・パラダイスへ

仕事って、疲れますよね？
ベジタリアン・バーガーで、心もカラダもリフレッシュ！

キャッチコピーを大きい文字に、サブキャッチコピーを中ぐらいの文字にしてレイアウトするのです。

そして、ボディコピーはさらに小さい文字で記載していくというわけです。

さて、ボディコピーをChatGPTで書く前に、ビジネスパーソンがベジタリアン・バーガーに求める要素をChatGPTを使って洗い出してみましょう。

「オフィス街にあるベジタリアン・バーガー店 Veggie Biz Burger をオープンします。メインターゲットであるビジネスパーソンが、この店に求める要素を考えてください」

ChatGPT の回答

1. 早いサービス：

ビジネスパーソンは時間が限られており、ランチタイムは特に限られています。そのため、早くて効率的なサービスが求められます。注文から受け取りまでの時間を短縮し、スムーズな店内の流れを確保することが重要です。

2. 健康的で栄養価の高いメニュー：

ビジネスパーソンは健康を重視し、栄養価の高い食事を求める傾向があります。オーガニックの食材や低カロリー・低脂肪のオプション、大豆を原料にしたベジミートなど、栄養価の高い食事を提供することが重要です。

3. 充実した食事選択：

ビジネスパーソンは多様性を求める傾向があります。メニューにはさまざまな種類のベジタリアン・バーガーやサイドメニュー、ドリンクが揃っていることが重要です。また、カスタマイズオプションも提供し、個々の好みに合わせた食事を提供することが望まれます。

4. 快適な環境：

オフィス街にあるため、店内の雰囲気や設備もビジネスパーソンにとって重要です。清潔で落ち着いた雰囲気、快適な座席、Wi-Fi や充電ステー

ションなどの設備が整っていることが求められます。

5. リーズナブルな価格設定：
ビジネスパーソンはコストにも敏感です。リーズナブルな価格設定を行い、コストパフォーマンスの良い食事を提供することが重要です。

それでは、上記の内容を踏まえて、ChatGPT でボディコピーを作ってみましょう。

プロンプト

「上記の内容を踏まえて、オフィス街にあるベジタリアン・バーガー店 Veggie Biz Burger を駅前で告知するチラシのボディコピーを考えてください。キャッチコピーは『癒しの、ベジタリアン・パラダイスへ』、サブキャッチコピーは『仕事って、疲れますよね？　ベジタリアン・バーガーで、心もカラダもリフレッシュ！』とします」

ChatGPT の回答

癒しの、ベジタリアン・パラダイスへ

仕事って、疲れますよね？
ベジタリアン・バーガーで、心もカラダもリフレッシュ！

Veggie Biz Burger は、オーガニックの食材や低カロリー・低脂肪のオプション、さらに大豆を原料にしたベジミートなど、栄養価の高い食事を提供しています。
新鮮なオーガニック食材を使用し、身体にやさしいバーガーをご提供。

忙しいビジネスパーソンのために、早いサービスと多彩なメニューをご用意。

仕事の合間に、心とカラダをリフレッシュしてください。

いかがでしょうか？

最初から悪くないボディコピーができました。

せっかくなので、これに何か追加してみたいと思います。キャッチコピー制作時に、**「野菜をしっかり食べる人は、たった3割」**というのがありましたが、これを追加してみましょう。

プロンプト

「上記の本文中に、『野菜をしっかり食べる人は、たった3割』の意味を追加して内容を整えてください」

ChatGPT の回答

癒しの、ベジタリアン・パラダイスへ

仕事って、疲れますよね？

ベジタリアン・バーガーで、心もカラダもリフレッシュ！

Veggie Biz Burger は、オーガニックの食材や低カロリー・低脂肪のオプション、さらに大豆を原料にしたベジミートなど、栄養価の高い食事を提供しています。

野菜をしっかり食べる人は、たった3割。

<u>この事実から、外食で栄養バランスを考えることが重要であることがわかります。</u>

忙しいビジネスパーソンのために、早いサービスと多彩なメニューをご用意。
新鮮なオーガニック食材を使用し、身体にやさしいバーガーをご提供。
仕事の合間に、心とカラダをリフレッシュしてください。

本文に違う要素を入れてもらった関係で、下線部分の「この事実から、外食で栄養バランスを考えることが重要であることがわかります。」がちょっとぎこちないように思えます。

ブラッシュアップ例

野菜をしっかり食べる人は、たった３割。
外食では栄養バランスを考えることが大切です。

このようにすっきりさせればOKですね。
では、どんなイメージになるのか、またCanvaでサクッと作ってみましょう。チラシの裏面にはメニューや地図、連絡先を入れます。

Veggie Biz Burger

癒しの、
ベジタリアン・パラダイスへ

仕事って、疲れますよね? ベジタリアン・バーガーで、心もカラダもリフレッシュ!

Veggie Biz Burgerはオーガニックの食材や低カロリー・低脂肪のオプション、さらに大豆を原料にしたベジミートなど、養価の高い食事を提供しています。野菜をしっかり食べる人は、たった3割。外食では栄養バランスを考えることが大切です。忙しいビジネスパーソンのために、早いサービスと多彩なメニューをご用意。新鮮なオーガニック食材を使用し、身体にやさしいバーガーをご提供。仕事の合間に、心とカラダをリフレッシュしてください。

[実践例④ 「沖縄そば店」 ……ランディングページ]

　次の実践例は「沖縄そば店」です。

　前回のお題ではビルボードでしたが、今回は「**ランディングページ**」*
を想定して、その文章を考えてみましょう。

　ランディングページとは、たとえばある企業が特別なキャンペーンをす
る際に、そのキャンペーン内容だけのページをランディングページとして
制作し、**リスティング広告*** などでそのページに誘導します。

*ランディングページとは、特定の製品、サービス、イベントなどへの訪問者を誘導するためのウェ
　ブページです。通常、広告やメールマーケティングなどのキャンペーンで使用され、特定の目的
　や売り上げを達成するために設計されます。ランディングページは、ユーザーに対して明確な行
　動を促し、情報提供や商品購入などの目標を達成することを目指します。

*リスティング広告とは検索キーワード連動型広告などとも呼ばれ、Yahoo! などで検索した際に、
　検索したキーワードに関連したウェブサイトを表示させる広告。左上に「スポンサー」という表
　記がされています。

　今回の沖縄そばの場合なら、単ページで沖縄そばの魅力がわかるように
し、閲覧している人に連絡してもらったり、直接の来店を促したりするわ
けです。

　では、さっそく、始めてみましょう。
　キャッチコピー案として出てきたのは次の通りでしたね。

キャッチA案

「勝浦の"沖縄そば"がGoogle MAPで高評価！
とろけるソーキ豚肉にうっとり♪」

キャッチB案

「なんで、石垣島の味が勝浦で？
濃厚とろけるソーキの沖縄そば」

キャッチC案

「石垣島ご主人のこだわり！
絶品とろとろソーキの沖縄そば」

キャッチD案

「限定20食のユーグレナ麺。
石垣島の味覚、沖縄ソーキそば」

キャッチE案

「ドライブ途中のあなた！
地元に愛される"沖縄ソーキそば"は、すぐそこ！」

キャッチF案

「とろけるソーキが、とんでもスーキ！
勝浦の沖縄そば」

　キャッチコピーは、A案の効果が高そうです。
　その他のポイントとしては、ご主人が石垣島出身であること。ユーグレナ麺も差別化できるポイントですね。

「千葉の勝浦にある沖縄そば店を、近くの国道にあるビルボードで宣伝します。そこに記載の QR コードからつながるランディングページの文章を考えてください。

キャッチコピーは『勝浦の "沖縄そば" が Google MAP で高評価！　とろけるソーキ豚肉にうっとり♪』。

本文には 4 つのポイントを入れてください。

①とろけるソーキ豚肉が絶品　②石垣島出身の主人が本場の味を再現
③ヘルシーなユーグレナ麺のそばも限定発売　④ Google MAP で高評価のカスタマーレビューをご確認ください」

ChatGPT の回答

【ランディングページ】

勝浦の "沖縄そば" が Google MAP で高評価！
とろけるソーキ豚肉にうっとり♪

いらっしゃいませ、勝浦の隠れた名店へようこそ！
当店自慢の "沖縄そば" は、とろけるソーキ豚肉が絶品の逸品です。
そのおいしさは Google MAP の高評価が証！
石垣島出身の主人が本場の味を再現しておりますので、ぜひお楽しみください。

①とろけるソーキ豚肉が絶品

当店自慢の沖縄そばは、口の中でとろけるようなソーキ豚肉が自慢の逸品です。豚肉の旨みがしっかり染み込んだコク深いスープと絡み合い、一度食べたら忘れられないおいしさをお届けします。

② 石垣島出身の主人が本場の味を再現

当店の味の秘密は、主人が石垣島出身の料理人であることにあります。その地の伝統的な製法を守りつつ、地元の素材を活かして本場の味を再現しています。ぜひ、沖縄の風を感じながら味わってください。

③ ヘルシーなユーグレナ麺のそばも限定発売

健康を気遣う方にもお楽しみいただけるよう、ヘルシーなユーグレナ麺のそばも限定で発売しております。ユーグレナ麺は栄養豊富で食物繊維が豊富、コシと風味が絶妙な逸品です。

④ Google MAP で高評価のカスタマーレビューをご確認ください

お客様に喜んでいただけるよう日々努めております。Google MAP のレビューから、多くのお客様にご満足いただいている様子をご確認いただけます。皆様のご意見や評価を参考に、さらなるサービスの向上に努めてまいります。

いかがでしょうか？

まずまずのできですね。このまま採用にしましょう。ただし、ランディングページについても特別な注意事項がありますので、実践練習の8章で詳しく説明します。

次は歯科医院を例に挙げてみましょう。

実店舗を持ったお店では**店頭看板は最も費用対効果の高い媒体**です。店頭前を歩く人こそ、最も濃い見込み客になりえるからです。そういう点で、店頭看板には力を入れて欲しいのです。

そこで、住宅地にある歯科医院の前に看板を置きます。単なる告知ではなく、集客を狙ったコピーを作っていきましょう。この医院の優れた点は、《歯列矯正が業界最短》とします。

では、6章で作ったキャッチコピーを確認してみましょう。

キャッチA案

　「業界最速の笑顔へ。最短矯正で理想の歯並びを手に」

キャッチB案

　「業界トップのスピード矯正」

キャッチC案

　「矯正に時間がかかるはウソだった?!
　　時短矯正で理想の歯へ」

キャッチD案

　「笑顔がふえたら、友達がふえた。
　　最短期間で叶える歯列矯正」

この場合、B案が最もストレートに力強く感じられますね。

また、D案を作る際にお話しした「自分の歯にコンプレックスを持っている」という悩み系の言葉を入れるのもありでしょう。また、集客を考えた看板として、必要な要素も考える必要がありますね。

以上の点を加味しながら、ChatGPTに質問してみましょう。

「住宅地にある歯科医院の前に看板を置きます。単なる告知ではなく、集客を狙ったコピーを作ってください。

キャッチは《業界トップのスピード矯正》、ボディコピーは自分の歯にコンプレックスを持っている人に向けて、時短矯正できることをアピールしてください。

また、看板に必要と思われる要素も足してください」

ChatGPT の回答

業界トップのスピード矯正

自分の歯に自信が持てない方へ。
短期間で理想の歯並びを手に入れませんか？
当院では、最新の技術と専門知識で、
時間をかけずに理想の笑顔を実現します。
あなたのコンプレックスを解消し、
自信に満ちた笑顔を手に入れるお手伝いをします。

看板に必要な要素：
● 医院名またはロゴ
● キャッチコピーとボディコピー
● 問い合わせ先電話番号またはウェブサイト
● 開院時間
● カラフルで目を引くイメージや歯並びのイラスト（オプション）

看板のデザインには、医院のロゴや目を引く色使い、明るく読みやすいフォントが大切です。また、歯並びのイラストを取り入れることで、訴

求力を高めることができます。ただし、デザインやレイアウトは専門家
に相談し、視認性と魅力を高めるよう注意深く構成することが重要です。

いかがでしょうか？

ChatGPT からの一発目の回答でしたが、必要なことはしっかり書かれ
ていると思います。

また、看板に必要な要素として、電話番号やウェブサイトの記載を推奨
しているのがいいですね。

たまたま通りかかった人が、もし、この医院に興味を持ったとしても、
その場で来院することはないでしょう。電話番号やウェブサイトを写真に
残すなどして、後日、連絡をするという流れができます。

［実践例⑥ 「ＢＭＷ５シリーズDays」 ……DM「小冊子」］

　次の例はＢＭＷです。世界的なプレミアムブランドでも、ボディコピーまで作っていけるか試してみたいと思います。

　セールスしたい車は、「ＢＭＷ５シリーズ」。ＢＭＷのミドルクラスのセダンです。その販売を促進するため、全国のＢＭＷショールームに集客するDM（ダイレクトメール）のコピーを考えてみましょう。

　発送する顧客リストは趣味がゴルフの人。当日の来場者にはＢＭＷ５シリーズでゴルフ場までテストドライブできる特典をつけてオファ（顧客の背中を後押し）します。

　ここではDMを想定していますので、中身は8ページの小冊子の構成と文章を作る前提にしましょう。先ほど作ったキャッチコピーは下記の通りでしたね。

キャッチA案

　「至福のゴルフと、究極のドライビング。
　　ＢＭＷ５シリーズ Days」

キャッチB案

　「ゴルフ場への道が、試乗コースになる?!
　　ＢＭＷ５シリーズ Days」

キャッチC案

　「鋭いコーナリングを、いつものゴルフで体感せよ。
　　ＢＭＷ５シリーズ Days」

キャッチD案

　「理想のラインを描く、パッティングも、コーナリングも。
　　ＢＭＷ５シリーズ Days」

キャッチE案

　「ＢＭＷオーナーは、なぜゴルフ愛好家が多いのか？
　　ＢＭＷ５シリーズ Days」

「100km のゴルフ場が、1km に感じられた。
　ＢＭＷ５シリーズ Days」

この場合、ＤＭの意図が一番伝わるのは、Ｂ案でしょう。

プロンプト

「ＢＭＷショールームに集客するＤＭの小冊子の内容を考えてください。
当日の来場者にはＢＭＷ５シリーズでゴルフ場までテストドライブできる特典があります。ＤＭでは、ゴルフ場に向かう道で実感できるＢＭＷ５シリーズの魅力を語りたいです。
ページ数は 8。その表紙には『ゴルフ場への道が、試乗コースになる?!ＢＭＷ５シリーズ Days』というキャッチコピーが入ります。
まずは各ページのコンテンツを箇条書きでください」

ChatGPT の回答

表紙：キャッチコピー
　"ゴルフ場への道が、試乗コースになる ?!　ＢＭＷ５シリーズ Days"
　ＢＭＷロゴと５シリーズの車のイメージ

p. 1：イントロダクション
　イベント概要の紹介
　テストドライブ特典の強調

p. 2-3：ゴルフ場への道、ＢＭＷ５シリーズとともに
　ゴルフ場へのルート案内地図と写真

ルートの美しい景色と風景を楽しむＢＭＷ５シリーズの特徴

ドライブ中に快適さとパフォーマンスを提供する内装と機能について

p. 4-5：パフォーマンスと安全性

ＢＭＷ５シリーズのパワフルなエンジンとスムーズな加速について

アクティブドライビングアシストや安全機能の紹介

高度な運転支援技術がゴルフ場へのドライブをより楽しく安全にする方法を説明

p. 6-7：豪華さと快適さ

豪華なインテリアデザインと素材についての詳細

快適な乗り心地と静粛性の提供について

ドライブ中のエンターテインメントやコネクティビティ機能に関する情報

p. 8：イベント詳細と連絡先

イベント日時と場所の詳細

テストドライブ予約方法の案内

イベントへの参加に関するお問い合わせ先情報

いかがでしょうか？

ＢＭＷのマーケティングを長年やってきた私から見るとイマイチなのですが、最初はこんな感じでしょう。次のプロンプトには前回の回答に対しての要望も入れていきます。

今回はプロンプトが長くなるのでご注意ください。

「先ほどのコンテンツを活かして、各ページに 15 文字程度の小見出し
と 100 文字程度の本文コピーを考えて欲しい。ただし、考慮すべき点
を各項目に※印で入れているので、それを参照しながらコピーを制作し
てください」

表紙：キャッチコピー

"ゴルフ場への道が、試乗コースになる?!　ＢＭＷ５シリーズ Days"
※このままで OK です。

p. 1：イントロダクション

イベント概要の紹介

テストドライブ特典の強調

※イベント会場にはＢＭＷ５シリーズの実車を展示。

※ＢＭＷ５シリーズを 24 時間無料レンタルして、ゴルフ場に行ける。
その予約をイベント会場でできる。

※希少のチャンス。

p. 2-3：ゴルフ場への道、ＢＭＷ５シリーズとともに

ゴルフ場へのルート案内地図と写真

ルートの美しい景色と風景を楽しむＢＭＷ５シリーズの特徴

ドライブ中に快適さとパフォーマンスを提供する内装と機能について

※いつものゴルフ場への退屈な道が、歓びの道に変わることを訴求。

p. 4-5：パフォーマンスと安全性

ＢＭＷ５シリーズのパワフルなエンジンとスムーズな加速について

アクティブドライビングアシストや安全機能の紹介

高度な運転支援技術がゴルフ場へのドライブをより楽しく安全にする方

法を説明

※ゴルフ場に向かうワインディングロードで、優れたコーナリングを体感。

p.6-7：豪華さと快適さ

豪華なインテリアデザインと素材についての詳細

快適な乗り心地と静粛性の提供について

ドライブ中のエンターテインメントやコネクティビティ機能に関する情報

※ゴルフ帰りの疲れも感じさせない快適さ。

p.8：イベント詳細と連絡先

イベント日時と場所の詳細

テストドライブ予約方法の案内

イベントへの参加に関するお問い合わせ先情報

※ここは表4（裏表紙）になるので白紙でOK

ChatGPT の回答

表紙：

"ゴルフ場への道が、試乗コースになる?!
ＢＭＷ５シリーズ Days"

p.1：イントロダクション

小見出し：**"魅惑のイベント、始まります"**

本文コピー："ＢＭＷ５シリーズ Days へようこそ。この特別な日に、魅力的なテストドライブと驚きの特典が皆様をお待ちしています。会場にはＢＭＷ５シリーズの実車を展示し、24時間の無料レンタルでゴル

フ場への旅を楽しむチャンスも。希少な機会をお見逃しなく。"

p. 2-3：ゴルフ場への道、ＢＭＷ５シリーズとともに

小見出し：**"美しいルート、素晴らしい旅"**
本文コピー："ゴルフ場への道が、ＢＭＷ５シリーズとともに贅沢な旅に変わります。ルート案内地図と写真を通じて美しい景色を堪能し、ドライブ中に快適な空間と素晴らしいパフォーマンスを体感してください。ゴルフ場への退屈な道が、歓びに満ちた冒険へと変わる瞬間です。"

p. 4-5：パフォーマンスと安全性

小見出し：**"ドライブの興奮、安心の安全性"**
本文コピー："ＢＭＷ５シリーズのエンジンのパワーと滑らかな加速は、ゴルフ場に向かうワインディングロードで感じることができます。アクティブドライビングアシストや高度な安全機能が、楽しいドライブを安全にサポート。安心感を持ってスポーツカーのようなパフォーマンスを楽しんでください。"

p. 6-7：豪華さと快適さ

小見出し：**"贅沢な内装、極上の快適さ"**
本文コピー："ＢＭＷ５シリーズの豪華な内装デザインと贅沢な素材が、ゴルフ場帰りの疲れを癒やします。快適な乗り心地と静粛性は、長いドライブでも最高のリラックスを提供。また、エンターテインメントやコネクティビティ機能が、ドライブ中も最高のエンターテインメント体験をお届けします。"

p. 8：イベント詳細と連絡先

いかがでしょうか？

クオリティはイマイチですので、6つのブラッシュアップ手法を用いながら修正していきましょう。また、以前に作ったキャッチコピーを再利用してクオリティを上げていきましょう。

■以下、修正の意図は「解説」マークがついた文章で説明します。

表紙：
"ゴルフ場への道が、試乗コースになる?!　BMW5シリーズ Days"

 これはこのままで OK。

p. 1：
小見出し："魅惑のイベント、始まります"

 「魅惑のイベント」というのは、少し子どもっぽく、プレミアムブランドとしては安っぽく感じます。ここは6章で作った A 案のキャッチコピー「至福のゴルフと、究極のドライビング」を使ってみましょう。

ブラッシュアップ例　（p. 1：小見出し）

"至福のゴルフと、究極のドライビング。BMW5シリーズ Days"

本文コピー："BMW5シリーズ Days へようこそ。この特別な日に、魅力的なテストドライブと驚きの特典が皆様をお待ちしています。会場に

はＢＭＷ５シリーズの実車を展示し、24時間の無料レンタルでゴルフ場への旅を楽しむチャンスも。希少な機会をお見逃しなく。"

解説 「ＢＭＷ５シリーズDaysへようこそ」はまだ来場していない人に対して少し不自然ですね。また、「魅力的なテストドライブ」は「無料レンタル」と意味がダブるので削除してもいいでしょう。

逆に「希少な機会」という言葉をもっと引き立たせるために、ひと言つけ加えたい気がします。決めセリフとして、表紙で使った「ゴルフ場への道が、試乗コースになる」というキャッチコピーを使って、今回のイベントの素晴らしさをもう一度、印象づけてみましょう。

ブラッシュアップ例　（p.1：本文コピー）

会場にはＢＭＷ５シリーズの実車を展示。その魅力に直に触れられるだけではありません。イベント当日は24時間の無料レンタルも受付。いつものゴルフ場への道で、ＢＭＷ５シリーズを走らせるチャンスです。「ゴルフ場への道が、試乗コースになる」希少な機会をお見逃しなく。

---

p.2-3：
小見出し："美しいルート、素晴らしい旅"

解説 「美しいルート、素晴らしい旅」という見出しはこのままでも悪くはないのですが、「美しいルート」というのは、「どう美しいのか？」ちょっと漠然としています。この案以外にも、キャッチコピー案として熟考したものがあるので、せっかくなら再利用することも考えてみましょう。Ｆ案「100kmのゴルフ場が、1kmに感じられた」は、「美しい景色さえ見過ごしてしまうほど運転が楽しい」という気持ちまで伝わってきます。今回はこれに差し替えましょう。

　本文コピー："ゴルフ場への道が、ＢＭＷ５シリーズとともに贅沢な旅に変わります。ルート案内地図と写真を通じて美しい景色を堪能し、ドライブ中に快適な空間と素晴らしいパフォーマンスを体感してください。ゴルフ場への退屈な道が、歓びに満ちた冒険へと変わる瞬間です。"

解説　小見出し変更にともなって再度、本文のコピーを ChatGPT に回答をもらいましょう。

プロンプト

「p. 2-3 の小見出しを『100km のゴルフ場が、1km に感じられた』にします。そのボディコピーを 100 文字以内で書いてください」

ChatGPT の回答

ＢＭＷ５シリーズとの贅沢なドライブで、息をのむような風景と調和し、心地よい振動が感じられ、長旅が驚くほど短く感じられる体験をお楽しみください。

解説　上記のコピーでは「振動」というのがネガティブな印象ですね。高級車の場合、「振動」はボディ剛性が弱いからだと感じられてしまいます。
　ボディ剛性を簡単に説明すると、車体のしっかり感。路面の凹凸を拾っ

て「ギシギシ揺れる」ようでは、高級車どころか、中古車としても安っぽいですね。「心地よい振動」ではなく、「心地よいドライビングフィール」とすれば、「走りが楽しめるだけでなく、快適そうだ」と思えるでしょう。

ブラッシュアップ例　（p.2-3：本文コピー）

"ＢＭＷ５シリーズならゴルフ場へのドライブが贅沢な時間に変わります。息をのむような風景の中を、心地よいドライビングフィールを味わいながら走っていく。長旅も驚くほど短く感じられるでしょう。"

---

p.4-5：
　　小見出し："ドライブの興奮、安心の安全性"

解説 ここではスポーティな走りを訴求し、ゴルフの話を上手に絡めたいですね。そこで、キャッチコピー案から探してみましょう。

ブラッシュアップ例　（p.4-5：小見出し）

"理想のラインを描く、パッティングも、コーナリングも"

　　本文コピー："ＢＭＷ５シリーズのエンジンのパワーと滑らかな加速は、ゴルフ場に向かうワインディングロードで感じることができます。アクティブドライビングアシストや高度な安全機能が、楽しいドライブを安全にサポート。安心感を持ってスポーツカーのようなパフォーマンスを楽しんでください。"

 解説 キャッチコピー変更にともなって、ChatGPT に再度、依頼しましょう。

「p. 4-5 の見出しは『理想のラインを描く、パッティングも、コーナリングも』に変更します。それにともなって、『ゴルフのパッティングのように、ＢＭＷの走りも理想のラインを描いてコーナリングする』ことを 100 文字前後の文章にしてください」

本文コピー："ゴルフのパッティングのように、ＢＭＷの走りも理想のラインを描いてコーナリングする。スムーズにカーブを切る感覚は、まさにプロのようなドライビング体験。細やかな操作で路面の特性を感じ、まるでグリーンの上でパットを決めるような確かさで、道路を制する自信が生まれます。"

解説 パッティングの話が入ることで、今回の趣旨に合ったコピーになってきましたね。ただ、「道路を制する」というのはちょっとわかりづらいので、もう少し具体的に表現したいところです。

「道路を制する」とは、「ハンドルを切ると、思った通りのラインを走れる」だから、「道路を制している」気分になれるということでしょう。この「思った通りのラインを走れる」ことを、自動車専門誌などでは「**路面に吸いつくように走れる**」と表現したりします。自動車に詳しくないと、このような言葉を出すのは難しいでしょうが、自動車業界の方なら問題ないと思います。つまり、**特定の業界にいる方なら、あえてターゲットに伝わる専門的な言葉を入れるのも効果的**なのです。

"ゴルフのパッティングのように、ＢＭＷのコーナリングは理想のラインを描きます。カーブを切っていく感覚は、プロレーサーになったかのよう。グリーン上で正確なパットを決めるように、路面に吸いつくように思うままに走り抜けていきます。"

p. 6-7：

　小見出し："贅沢な内装、極上の快適さ"

解説　言っている意味は良いのですが、もう少しかっこよくしたいですね。ちょっとしたことで、印象はガラッと変わります。この小見出しでは、たとえば、部分的に**「英語にする」手法**が効果的です。

"贅沢なインテリア、極上のコンフォート"

　本文コピー："ＢＭＷ５シリーズの豪華な内装デザインと贅沢な素材が、ゴルフ場帰りの疲れを癒やします。快適な乗り心地と静粛性は、長いドライブでも最高のリラックスを提供。また、エンターテインメントやコネクティビティ機能が、ドライブ中も最高のエンターテインメント体験をお届けします。"

解説　「豪華な内装デザインと贅沢な素材」は、「贅沢な素材だから豪華」という理屈で考えると、「と」でつながるのはへんな感じがします。
　ここはサラッと「エレガントな室内」のようにまとめても良いでしょう。

ブラッシュアップすると下のようになります。

p. 8：
イベント詳細と連絡先

 ここは表４（裏表紙）になるので白紙にします。

では、ここまでのブラッシュアップ結果をまとめてみましょう。

完成形

表紙：
ゴルフ場への道が、試乗コースになる?! ＢＭＷ５シリーズ Days

p. 1：
至福のゴルフと、究極のドライビング。ＢＭＷ５シリーズ Days
　会場にはＢＭＷ５シリーズの実車を展示。その魅力に直に触れられるだけではありません。イベント当日は 24 時間の無料レンタルも受付。いつものゴルフ場への道で、ＢＭＷ５シリーズを走らせるチャンスです。「ゴルフ場への道が、試乗コースになる」希少な機会をお見逃しなく。

p. 2-3：

100km のゴルフ場が、1km に感じられた。

ＢＭＷ５シリーズならゴルフ場へのドライブが贅沢な時間に変わります。息をのむような風景の中を、心地よいドライビングフィールを味わいながら走っていく。長旅も驚くほど短く感じられるでしょう。

p.4-5：

理想のラインを描く、パッティングも、コーナリングも。

ゴルフのパッティングのように、ＢＭＷのコーナリングは理想のラインを描きます。カーブを切っていく感覚は、プロレーサーになったかのよう。グリーン上で正確なパットを決めるように、路面に吸いつくように思うままに走り抜けていきます。

p.6-7：

贅沢なインテリア、極上のコンフォート。

ＢＭＷ５シリーズのエレガントな室内が、ゴルフ帰りの疲れを癒やします。快適な乗り心地と静粛性は最高のリラックスを提供。また、先進のコネクティビティ機能が、心躍るエンターテインメント体験をお届けします。

p.8：

白紙

いかがでしょうか？

キャッチコピーの代案が、小見出しなどで再利用できることがおわかりいただけたと思います。また、小見出しを変更した後、それに対するボディコピーを ChatGPT で再作成することで、さらにクオリティを高めることもできます。

では、いよいよ次章で実践練習に入っていきます。

8章

実践練習で「売れる文章術」をマスターする！

DM、ウェブメディア、プレスリリース……練習問題で腕を磨こう!

　ここまで来たら、**あとは実際にやってみながら、慣れていくだけ**です。そこで、これからあなたにいくつか問題を出します。

　今まで学んだことを通して、実際に「心を動かすコピーライティング」を身につけましょう。

　まずは、**ChatGPT を使って自分なりにコピーライティングを行ってみてください。その後、私の制作したキャッチコピーやボディコピーをご覧になり、その過程を確認する**という流れで、この章は進めていきたいと思います。

　まずはステップの確認です。

キャッチコピー制作の流れ

1. ターゲットの明確化

　次ページの練習問題①「DM(携帯キャリア会社)」では、ターゲットは「シニア」です。「なぜ、スマートフォン（スマホ）に買い替えないのか？」を ChatGPT で調査します。

2. 差別化ポイント

　「ガラケー」に比べて「スマホ」の優位点とは？　それはシニア層にメリットがあるのか？

3.「キャッチコピーの基本形」を作る

　ChatGPT でキャッチコピーの 70％と言える「キャッチコピーの基本形」を作る。

4.「キャッチコピーの完成形」に仕上げる

　６つのブラッシュアップ手法を使って、ChatGPT で作った「キャッチ

コピーの基本形」をブラッシュアップする。

以上の流れを参考に進めていってください。

もう一度言いますが、まずはご自身でChatGPTを駆使して、考えながら一通りゴールまで行ってください。その後に、私の回答例をご覧になることで実践のカンが養われると思います。

さっそく、実際にやってみましょう。

まずはChatGPTの画面を開いてください。用意はいいですか？

では、やってみましょう！

［ 練習問題① DM（携帯キャリア会社）］

最初の問題は私が以前、某携帯キャリア会社の仕事を受けていたとき、実際に取り組んだ案件です。

その内容は大手携帯キャリア会社の販促活動として、いまだ「ガラケー」を使っているシニア層の顧客に向けて、「スマホ」への買い替えを促すDMを発送するものでした。

まずは、その封筒の見出しになるキャッチコピーを考えてください。先ほどの「キャッチコピー制作の流れ」に沿って、トライしてみましょう。

以下は回答例です。ご自身で回答を出した後にご覧ください。

ターゲットの明確化

プロンプト

「シニア層は、なぜガラケーをスマホに買い替えないのか？　その理由

を考えてください」

シニア層がガラケーからスマートフォンに買い替えない理由はいくつか
考えられます。

1. 操作の複雑さ：

スマートフォンは多機能で操作が複雑であることがあります。ガラケー
に慣れ親しんでいるシニアの方々にとって、新しい技術の学習や操作は
ハードルが高いかもしれません。

2. デジタルリテラシーの不足：

スマートフォンはインターネットやアプリと連携することが多く、これ
に慣れていないシニアの方々はデジタルリテラシーが不足している場合
があります。これが新しいデバイスへの移行を難しくする要因となるこ
とがあります。

3. 視覚や身体的制約：

ガラケーは物理的なボタンが多く、文字が大きめである場合が多いため、
視覚や手の動きに制約のあるシニアにとっては使いやすいと感じること
があります。スマートフォンはタッチスクリーンを使用するため、視力
や指の細かな動きが必要であり、これがハードルとなることがあります。

4. コストと必要性：

スマートフォンはガラケーよりも高価であり、月々の通信費も高めです。
また、シニアの方々にとって必要性を感じない場合もあります。電話や
キャッチコピーの送受信だけで十分であると考えることがあるため、高
機能なスマートフォンの必要性を感じないことがあります。

5. 変化への抵抗：

年齢を重ねた方々は、新しい技術や変化に対する抵抗を感じることがあるかもしれません。ガラケーは慣れ親しんだツールであり、新しいデバイスへの買い替えに対して違和感を抱くことがあります。

6. セキュリティへの不安：

スマートフォンはインターネットへの接続が多いため、セキュリティのリスクがあると感じるシニアもいます。個人情報の保護や詐欺対策についての不安がスマートフォンへの移行を妨げることがあります。

これらの要因が組み合わさって、シニアがガラケーからスマートフォンに買い替えない理由として考えられます。ただし、一部のシニアの方々はスマートフォンの利便性や機能性に魅力を感じ、積極的に移行するケースも存在します。

いかがでしょうか？

この回答を見たとき、**そのクオリティの高さに驚きました。**

数年前、ある大手携帯キャリア会社の仕事で、「ガラケーからスマホへの買い替え促進DM」を制作していた際、自分がここまで完璧にシニアターゲットの市場分析ができていたか自問自答したほどでした。

DMの小冊子を作る際も、ChatGPT が分析したこの項目を参考にできると思います。

今回はDMということもあり、どんな「集客オファ」が考えられるかを事前に ChatGPT で考えてみたいと思います。

プロンプト

「あなたは大手携帯キャリア会社の販促社員です。
いまだにガラケーを使っているシニア層の顧客に向けて、最寄りの携帯ショップへ集客させるためのオファを提案してください。提案は複数お願いします」

ChatGPT の回答

1. スマートフォン体験デー

「日常の便利さを体験しよう！」

内容: スマートフォンの操作方法や便利な機能を学べるワークショップを開催します。スマホの操作や写真の撮り方、メールの送り方などを楽しく学びましょう。
特典: ワークショップ参加者にはスマートフォン本体を割引価格で提供します。さらに、ご購入いただいた方には特別なギフトもプレゼント！

2. ガラケーからスマホへのおトクな乗り換えキャンペーン

「新しいスマートライフをスタートしよう！」

内容: ガラケーからスマートフォンへの乗り換えで、スマートフォン本体価格が大幅に割引！　さらに、データプランの料金もお得になります。
特典: 乗り換え特典として、初月のデータ使用料が無料になるクーポンを進呈します。

3. スマートフォン導入サポートキャンペーン：

「はじめてのスマートフォンでも安心！」

内容：当社のスタッフが丁寧にスマートフォンの使い方をご案内します。設定から基本操作、アプリのダウンロードまで、スマホのすべてをサポートします。
特典：スマートフォンの購入に際して、スマホ導入サポートのセッションを無料で提供！

いかがでしょうか？

3の「はじめてのスマートフォンでも安心！」というコンセプトはとてもわかりやすいですね。

先ほどのターゲットの明確化の際にわかった、「シニアの方が不安に思っていること」を、携帯ショップのスタッフが丁寧に解消してくれるセミナー教室があれば、シニアの方も安心して、スマホに乗り換えられるかもしれません。

差別化ポイント

プロンプト

「シニア層がガラケーからスマホに替えるメリットとは？　生活のワンシーンとして教えてください」

①家族とのコミュニケーション

シニアの方々がスマートフォンを使う場面のひとつとして、家族とのコミュニケーションがあります。スマートフォンを使うことで、遠くに住む家族とも簡単にコンタクトを取ることができます。

メリットの説明

1. 写真共有:

スマートフォンの画面をスワイプすると、孫の写真が次々と表示されます。家族が送ってきた写真を簡単に閲覧し、大切な思い出を楽しむことができます。

2. ビデオ通話:

画面をタップするだけで、遠くに住む孫とビデオ通話ができます。声を聞きながら顔を見ることができ、会話がよりリアルなものになります。

3. メールのやり取り:

孫からのメールや写真を受け取ることができます。お互いの日常をシェアし、近況を知る楽しみが広がります。

4. 特別な瞬間を共有:

孫の成長や特別なイベントの瞬間を写真やビデオで共有できます。遠く離れていても、大切な瞬間を共有することで、家族間の絆が深まります。

②趣味や興味を追求する時間

シニアの方々がスマートフォンを使う場面のひとつとして、趣味や興味を追求する時間があります。

1. オンラインガイドや情報アクセス:

スマートフォンを使って、公園内の鳥の種類や特徴を調べることができます。インターネットを通じて、鳥の名前や生態についての情報にアクセスできます。

2. 写真の撮影と共有:

スマートフォンのカメラで美しい鳥の写真を撮影し、SNSやメールアプリを通じて友人や趣味仲間と共有できます。共通の趣味を通じてつながりを深めることができます。

3. コミュニティ参加:

スマートフォンを使って、鳥の観察に関するコミュニティやオンラインフォーラムに参加することができます。他の鳥好きと情報交換やイベントの情報共有ができます。

4. 学習と成長:

スマートフォンのアプリを使って、鳥に関する学習教材や書籍を入手することができます。新しい情報を学び、趣味をより深く楽しむことができます。

③健康管理とアクティブな生活

シニアの方々がスマートフォンを使う場面のひとつとして、健康管理とアクティブな生活を送るシーンがあります。

メリットの説明

1. 健康アプリの利用:

スマートフォンの健康アプリを使って、歩数やカロリー消費、心拍数などの健康データを記録・管理できます。自分の健康状態を可視化し、目標を設定することができます。

2. リマインダーやアラーム：

スマートフォンのリマインダーやアラーム機能を利用して、定期的な薬の服用や通院の予約などを忘れずに管理できます。

3. アクティビティの追跡：

スマートフォンの GPS 機能を使って、ウォーキングやジョギングなどのアクティビティを追跡できます。運動の成果を見ることでモチベーションが上がります。

4. オンライン健康情報：

健康に関するオンライン記事や専門家のアドバイスをスマートフォンで読むことができます。健康に関する最新情報を得て、より良い生活習慣を築くことができます。

いかがでしょうか？

「生活のワンシーンとして差別化ポイントを教えて」と質問すると、ターゲットの**日常での差別化ポイントが浮き彫りに**なりますね。この生活のワンシーンをそれぞれキャッチコピーにするのもありでしょう。

なお、ChatGPT を使って「キャッチコピーの基本形」ができたら、じっくり見渡して、心が惹かれるキーワードはマーカーで線を引き、へんな表現、意味がわからないワードには波線を引くんでしたよね。覚えていますか？

さっそく、トライしてみましょう。

「キャッチコピーの基本形」を作る

プロンプト

「シニア生活のワンシーンを参考にして、DM用のキャッチコピーを作ってください。

その際、①家族とのコミュニケーションでは孫の話を入れる。

②趣味や興味を追求する時間では趣味仲間の話を入れる。

③健康管理とアクティブな生活では、健康アプリの話を入れる。

各項目で、数案ください」

ChatGPT の回答

①家族とのコミュニケーション：孫の話を含めたキャッチコピー

1. "小さな奇跡が、スマートフォンで広がる。孫の笑顔、声、成長。
   遠く離れていても、いつでも一緒にいます。"

2. "言葉のかわりに、スマートフォンで愛を伝えよう。
   孫の声が耳に届き、心がほっこり温かくなります。"

3. "孫の一言が、スマートフォンを魔法のように変える。
   家族の笑顔と笑い声が、手の中に広がります。"

②趣味や興味を追求する時間：趣味仲間の話を含めたキャッチコピー

1. "新しい友達、新しい世界。
   スマートフォンで趣味仲間とともに、新たな興味を追求しよう。"

2. "スマートフォンが、趣味のパートナー。
趣味仲間と楽しい時間を過ごし、共通の興味に心躍らせよう。"

3. "興味を広げる、スマートフォンの力。
趣味仲間とともに、新たな可能性を探し、楽しみを分かち合おう。"

③ **健康管理とアクティブな生活**：健康アプリの話を含めたキャッチコピー

1. "一歩、一歩。スマートフォンとともに、健康な毎日を歩もう。
健康アプリがパートナーとなり、元気なステップが響きます。"

2. "健康は、手の中に。
スマートフォンの健康アプリで、自分のペースで体を動かし、充実感あふれる生活を楽しもう。"

3. "スマートフォンが、健康への近道。
カロリー消費や活動量を見える化し、自分のペースでアクティブな毎日を過ごそう。"

　いかがでしょうか？　このままではキャッチコピーとしては長く、インパクトは弱いですね。
　では、さっそく、ブラッシュアップしていきましょう。今回も良いと思ったキャッチコピーだけを取り上げて、ブラッシュアップしていきます。

「キャッチコピーの完成形」に仕上げる

①家族とのコミュニケーション：孫の話を含めたキャッチコピー

"小さな奇跡が、スマートフォンで広がる。孫の笑顔、声、成長。遠く離れていても、いつでも一緒にいます。"

この案の良いところは、孫と遠く離れているというシーンが目に浮かぶ点です。今回は6つのブラッシュアップ手法の中の**「短く言い切る」手法**で、後半のキャッチをブラッシュアップしましょう。さらに「え!?」と誰かから問いかけられたふうにして、さらに興味を抱かせましょう。

> キャッチ A 案

> 「遠く離れても、孫といつも一緒。
> 　え、スマホに替えただけで？」

②趣味や興味を追求する時間：趣味仲間の話を含めたキャッチコピー

"新しい友達、新しい世界。
　スマートフォンで趣味仲間とともに、新たな興味を追求しよう。"

この案をベースに考えてみましょう。この状況は、フェイスブックなどで新しいグループに入ったということ。簡単に言うと「スマホを持ったら、新しい仲間ができた」という意味ですよね。それを、**「恐れを誘う」手法**でキャッチコピー化してみると……。

「スマホを知らずにいたら、
　新しい仲間に出会えなかった」

---

③健康管理とアクティブな生活：健康アプリの話を含めたキャッチコピー

　いまいちベースになる案が見つかりませんでした。ここは健康アプリを理由づけにして、**「物語を語り出す」**手法の「ピアノコピー」をパクって作ってみましょう。

キャッチC案

「スマホに替えたと見せると、ガラケーの友人は笑った。でも、私が健康アプリの話をすると……」

　では、私の最後の回答例をご紹介しましょう。

遠く離れても、孫といつも一緒。
え、スマホに替えただけで？

～はじめてのスマホでも安心！　店頭で何でも聞いてください～
「シニアサポートキャンペーン実施中」

　いかがでしょうか？
　キャッチコピーにはシニアの心を揺さぶる「孫」という言葉を使いました。ただし、このキャッチではキャンペーン内容がわかりづらいので、「はじめてのスマホでも安心！　店頭で何でも聞いてください」というサブキャッチコピーでしっかり内容を訴求していく方法を取りました。

練習問題② ウェブメディア（高校受験塾）

次の問題は個人的なネタを元にしています。

じつは昨年、娘の高校受験のため「塾」について調べていた際、「この時代に塾って必要なの？」という疑問が浮かんだのです。「**スタディサプリのような授業動画があるのに、なぜ塾に行く必要があるのか？**」という疑問でした。だからこそ、ここでの問題として取り上げてみたくなったのです。

あなたへの問題としては、「オンライン高校受験塾」ということで、塾の魅力をアピールするウェブメディアとして、ランディングページのキャッチコピーとボディコピーを考えて欲しいと思っています。

前章で、ランディングページについて詳しい話を覗きましたが、ここで改めてコピー作成時の注意点をお話しします。

ウェブメディアは良いコピーを書くだけでなく、**「いかに検索されるか」、つまり SEO 対策 * も必要になってきます。**

SEO 対策はアルゴリズムの変更にともなって絶えず変化していくのですが、今回は王道とも言うべき「キーワードの設定」について簡単な方法を交えて説明していきます。

* SEO 対策とは、ウェブサイトやページが検索エンジンで上位に表示されるようにするための取り組みです。これには、適切なキーワードの使用、高品質なコンテンツの提供、内部・外部リンクの最適化、モバイル端末でも見やすいデザイン、ページ読み込み速度の最適化などが含まれます。目標は、ユーザーの検索意図に合った情報を提供し、検索エンジンからのトラフィック（誘導）を増やすことです。

まずはステップの確認です。

1. ターゲットの明確化

今回は中学生と親がターゲット。「なぜ、高校受験の塾を必要としているのか？」をChatGPTで調査。そこから、キーワードを探っていく。

2. 差別化ポイント

店舗型塾に比べて、オンライン型塾の優位点とは？

3.「キャッチコピーの基本形」を作る

1.2で抽出された内容を使って、ChatGPTで「キャッチコピーの基本形」を作る。

4.「キャッチコピーの完成形」に仕上げる

6つのブラッシュアップ手法を使って、ChatGPTで作った「キャッチコピーの基本形」をブラッシュアップする。

5.「ボディコピー」を作る

今までの内容を総括して、ChatGPTでランディングページの本文を作る。

今回はSEO対策としての「キーワード設定」の件がありますので、ターゲットの明確化までを一緒にやっていきましょう。

ターゲットの明確化

プロンプト

「中学生やその親は、どういう理由で高校受験予備校を必要とするのでしょうか？」

中学生やその親が高校受験予備校を必要とする理由はいくつかあります。以下に一般的な理由をいくつか示します。

1. 入試対策：

高校受験は競争が激しいことが多く、難しい試験内容が求められることがあります。受験予備校は、受験科目の基礎から応用まで徹底的に学ぶことができる場所であり、入試の合格に向けた準備をサポートします。

2. 志望校合格へのサポート：

受験予備校は、生徒の目指す志望校に合わせてカリキュラムを組むことができます。過去の入試傾向や出題内容を分析し、効果的な対策を提供することで、志望校合格の可能性を高める手助けをします。

3. 勉強習慣の確立：

受験予備校では、定期的な授業や課題提出が求められるため、生徒は自主的な勉強習慣を身につけることができます。また、同じ目標を持つ仲間と学ぶ環境において、モチベーションを保ちながら努力することができます。

4. 模試対策：

受験予備校では、定期的に模擬試験（模試）を受ける機会が設けられます。これにより実際の試験形式に慣れ、試験当日の状況に近い環境で対策をすることができます。

5. 専門指導：

受験予備校は、教育のプロフェッショナルが教える場であり、難しい内容やその対策方法をわかりやすく指導してもらえます。生徒は自分の疑問や理解しきれない部分を質問し、適切なアドバイスを受けることがで

きます。

6. 自信の構築：

受験予備校での学習や成績向上を通じて、生徒は自信をつけることができます。自身の努力が成果につながる実感を得ることで、受験に対する不安やプレッシャーを軽減することができます。

ただし、受験予備校が必ずしも必要なわけではありません。生徒や家庭の状況、学習スタイルによっては、別の学習方法が適している場合もあります。最終的な選択は個々のニーズに合ったものであるべきです。

いかがでしょうか？

ちょっと、通り一遍な感じもしますね。少し角度を変えて、もう一度、質問してみましょう。

プロンプト

「中学生や親の不安とは何ですか？　それを塾は解決していますか？　問題点はないでしょうか？」

ChatGPT の回答

中学生や親が受験に関して抱える不安はさまざまですが、一般的な不安要素として以下のようなものが考えられます。

不安要素

1. 試験内容の難しさ：

入試の難易度や出題内容への不安があります。特に難しい科目やトピッ

クへの対策が必要であると感じることがあります。

2. 合格競争の激しさ：
人気のある高校は多くの受験生が競い合うため、合格の難易度が高いと感じることがあります。

3. 志望校への不安：
自分の目指す高校へ合格するかどうかへの不安やプレッシャーがあります。

4. 受験勉強の効果的な進め方がわからない：
効率的な勉強法や対策方法がわからないと感じることがあります。

5. 試験当日の緊張：
受験当日の緊張や不安があります。

6. 進路の不確定性：
高校受験が将来の進路に影響を与えるため、不確定な未来に対する不安があります。

受験予備校はこれらの不安要素を一定程度解決する手助けをする場合もありますが、完全に解決するわけではありません。問題点や注意すべきポイントも存在します。

受験予備校の解決点

1. 対策指導：
受験予備校は、入試の内容や傾向に合わせた対策指導を提供することで、生徒が自信を持って試験に臨むことができるようサポートします。

2. 模擬試験:

模擬試験を通じて実際の試験形式に慣れ、試験当日の状況に近い状況を体験する機会を提供します。

3. 専門指導:

教育のプロフェッショナルによる専門指導により、難しい内容や勉強法を理解しやすくします。

問題点や注意すべきポイント

1. 費用:

受験予備校には費用がかかるため、家計に負担をかけることがあります。

2. 過度な競争:

受験予備校の中でも一部は過度な合格競争や過労によるストレスが問題となる場合があります。

3. 個別のニーズに合わない場合:

すべての生徒に適切な指導ができるわけではなく、個々のニーズに合わない場合もあります。

4. 偏重される科目:

受験科目に偏重し、幅広い教養を身につける機会を失う可能性があります。

親や生徒は、受験予備校の利用を検討する際に、個々の状況や目標に合わせて判断することが重要です。一方で、受験予備校だけが解決策ではなく、バランスの取れた学習やサポート体制を整えることも大切です。

いかがでしょうか？

　私が注目したのは、「対策指導」「専門指導」という生徒一人ひとりへの**コーチング**だと思いました。生徒一人ひとり学力レベルは異なりますし、受験する高校によっては入試の傾向がまったく違って、その勉強方法も変わってくると思います。そこが重要ではないでしょうか。

　先ほどお話ししたように、私にも中三の娘がいて、「塾」について考える時期がありました。**昔と違って、オンラインで優秀な教師の授業を繰り返し受けられる現代、塾の必要性を感じない**というのが結論です。

　しかし、その中でも唯一必要だと思ったのが、「コーチング」です。

　たとえば、「受験校をどこにするか？」「不得意な学科をどう克服するか？」「効率の良い勉強方法とは？」「効果的な参考書はどれか？」「そもそも、将来、自分は何をしたいのか？」など、**思春期の娘にとっては悩みごとばかりです。それを適切にコーチングすることこそ必要**だと実感しました。

　しかし、**その答えもネット上で得られる時代**なのです。

　たとえば、YouTube では同じ悩みを解決した優秀な子どもが体験談をアップしています。彼女が不得意と思われる点を克服する参考書なども、アマゾンのレビューなどを参考にしながら買い与え、彼女自身で効率の良い勉強方法に取り組んできました。

　それでも、塾を体験したことのない娘に、短期の入塾体験をさせてみたところ、皆と同じ勉強をする効率の悪さを感じ、悪く言えば軍隊的な規律を求める空気感を嫌がり、わずか３日間で辞めてしまいました（それを想定しての入塾だったので、作戦通りです）。

　ちなみに今年の春、都内屈指の進学校に合格したので、今までのやり方で良かったのだと胸をなでおろしているのです。

話が脱線しましたが、先ほどの ChatGPT の回答から導かれるキーワードは「個別指導」「志望校」「進路」「試験内容」「合格競争」「対策指導」「模擬試験」「専門指導」「個別のニーズ」「受験勉強」などが考えられると思いました。さらに文脈を読んで浮んできた「コーチング」「ストレス」「不安」「不得意科目」という言葉もありでしょう。

　もちろん、ビッグキーワードである「塾」「受験予備校」「高校受験」「高校入試」「オンライン授業」「入試対策」などは外せないキーワードです。

　それらを組み合わせて、たとえば、**「高校受験のコーチング」「受験予備校のストレス」**といったように複合ワードなどを使って、**SEO 対策**をしていくのです。この方法は YouTube の概要欄に書く言葉の SEO 対策でも有効ですね。

　もうひとつ、今回は「集客オファ」も検討してみましょう。何かのヒントが出てくるかもしれません。

集客オファ

プロンプト

「あなたはオンライン高校受験塾のマーケティング担当者です。塾の魅力をアピールするランディングページを作ります。『1 カ月無料体験の申し込み』を後押しできるオファを考えてください」

ChatGPT の回答

オファ提案：個別カウンセリングとカスタマイズ学習プラン

受験予備校にご興味をお持ちいただき、1 カ月無料体験をご検討いただ

く際に、私たちは個別カウンセリングとカスタマイズ学習プランを提供いたします。これにより、生徒一人ひとりのニーズに合わせた最適な学習体験をご提供することが可能です。

個別カウンセリングのメリット：

1. **目標設定と計画立案：**
生徒とカウンセラーが直接対話し、志望校や学習目標を明確に定め、それに基づいた学習計画をともに立てます。

2. **弱点の特定と強化：**
カウンセリングにより、生徒の弱点や課題を特定し、それに対する対策を一緒に考えます。

3. **学習スタイルに合わせたアドバイス：**
個別の学習スタイルやペースに合わせた効果的な勉強方法やテクニックを提案します。

カスタマイズ学習プランの特徴：

1. **志望校対策：**
生徒の志望校に合わせたカリキュラムを組み、効果的な対策を実施します。

2. **難易度別の教材：**
生徒の理解度に合わせた難易度の異なる教材を提供し、徹底した基礎から応用まで学習できます。

3. **進捗モニタリング：**

定期的な進捗チェックとフィードバックを通じて、成績の向上をサポートします。

1 カ月無料体験期間中に、個別カウンセリングとカスタマイズ学習プランを通じて、本塾の魅力を実感していただければ幸いです。

いかがでしょうか？
「個別カウンセリング」の無料体験というのはターゲットの明確化の際にも出てきた、高校受験の不安に対して、良いオファになりそうですね。
　たとえば、**オンラインで1時間ほどの無料面談を提供して、生徒さんと親御さんから不安を聞き出すだけでも、入塾へのモチベーションを上げる**かもしれません。
　では、これから先はご自身でトライしてください。

以下は回答例です。 ご自身で回答を出した後にご覧ください。

差別化ポイント

プロンプト

「店舗型の高校受験塾に比べて、オンライン型の高校受験塾の優位点とは？　オンライン型の内容は、①すべてオンラインで完結し、店舗に通う必要がない。②生徒一人ひとりに専任のコーチがついて指導。③人気教師によるオンライン授業を何度でも見ることができる。④生徒の質問に対して、24 時間チャット形式で素早く対応できる。」

ChatGPT の回答

オンライン型の高校受験塾は、店舗型と比べて以下の優位点を持っています。

1. 場所に依存しない柔軟性：

オンライン型の受験塾は完全にオンラインで提供されるため、物理的な店舗に通う必要がありません。これにより、地理的な制約なく受講が可能で、通学の手間や時間を省くことができます。

2. 個別指導とカスタマイズ：

生徒一人ひとりに専任のコーチがつき、個別のニーズに合わせた指導を行います。これにより、生徒の進捗や理解度に応じてカスタマイズされた学習が提供されます。

3. 自分のペースで学習：

オンライン授業や教材は録画されており、生徒は自分の都合に合わせて何度でも再生することができます。特に難しい部分や復習が必要なトピックに焦点を当てることができます。

4. 人気教師による授業の再利用：

オンライン型の受験塾では、優れた教師による授業を録画して提供することができます。これにより、生徒は自分のペースで、何度も好きなだけ質の高い授業を受けることができます。

5. 迅速な質問対応：

チャット形式で質問を行うことができ、教師やコーチから素早い対応を受けることができます。これにより、学習中の疑問や課題をすぐに解決できます。

6. 効率的な時間利用：

通学の必要がないため、通学時間や待ち時間が発生せず、学習に集中するための効率的な時間が確保できます。

オンライン型の高校受験塾は、これらの優位点を活かして生徒に柔軟で効果的な学習体験を提供することができます。ただし、個々の学習スタイルや環境に合わせて選択することが大切であり、店舗型とオンライン型の受験塾の特徴を比較して検討することが重要です。

いかがでしょうか？

良くまとまっていると思います。

自分の娘を見ていて、大事だなと思ったのは**「自分のペースで学習」できる**ことでしょうか。

実際の授業だと、疑問点があっても、そのまま授業を受けなければいけません。「後から調べよう」とは思っても、モチベーションが下がって、結局、疑問のまま過ぎていくことは大いに考えられます。

一方、**オンライン動画なら一時停止して、ネットで調べる**ことができますし、再度繰り返して視聴もできます。しかも、店舗型の教師に比べて、**人気教師の授業を録画している場合が多い**のでクオリティが高いんですね。人気教師の方は生徒たちに「興味を持ってもらう」「意識を持続させる」のが上手なのです。

さて、いよいよ具体的なキャッチコピーの基本形を作ってみましょう。

「キャッチコピーの基本形」を作る

プロンプト

「今までの内容を参考にして、オンライン高校受験塾のランディングページ用キャッチコピーを考えてください」

ChatGPT の回答

1. "自分らしい合格へ、場所を選ばず最高の指導を。"

2. "志望校合格へ、どこでも最高の学習体験を。"

3. "オンラインで未来をつくる、受験のプロフェッショナル。"

4. "夢をオンラインで叶える、個別指導の力。"

5. "時間と距離を超えて、合格への道を歩もう。"

6. "自分のペースで最高の指導、オンラインならでは。"

7. "1カ月無料体験で未来の扉を開こう。"

8. "受験の挑戦、どこでもサポート。"

9. "理想の高校へ、オンラインで近づこう。"

10. "受験のプロとともに、目指す未来へ。"

11. "難関受験、オンラインで一歩ずつ勝ち進もう。"

　※ Regenerate response で、再度、提案してもらいました。

1. "未来への第一歩、オンラインで学び、夢を叶えよう。"

2. "限界なき学びの舞台、オンライン高校受験塾で成就しよう。"

3. "あなたの進学の舞台、オンラインで叶える成功の扉。"

4. "知識と自信、オンラインで手に入れて未来へステップアップ。"

5. "高校合格のプロセスをオンラインでサポート。"

6. " 自宅で、いつでも、あなたの夢を叶える。"

7. " 個別指導×自由な場所、オンラインで高校受験を突破。"

8. "プロンプトする場所、学ぶ場所、すべてはオンライン。"

9. "通学のストレスなしに、志望校合格を目指そう。"

10. "未来の扉をオンラインで開こう、高校受験の新しいスタイル。"

いかがでしょうか？
　では、この中で使えそうなキャッチコピーを選んでブラッシュアップしてみましょう。

「キャッチコピーの完成形」に仕上げる

"オンラインで未来をつくる、受験のプロフェッショナル。"

　これは使えそうなキャッチコピーです。ただし、「未来」というのがちょっと大げさというか、人生が始まったばかりの中学生ですから、「夢を叶える」くらいが適当でしょう。

　しかし、「叶える」という言葉の中に「夢」のニュアンスが入っているので、**「短く言い切る」手法**でもろもろ短くすると……。

　キャッチＡ案

　「オンラインで叶える、受験のプロフェッショナル」

"通学のストレスなしに、志望校合格を目指そう。"

　これはオンライン塾のポイントを端的に表していますね。ただし、インパクトが弱い。そこで、**「数字で驚かせる」手法**を使ってみましょう。「通学しない」＝「自宅」＝「徒歩０分」と言えますね。

　キャッチＢ案

　「徒歩０分で、志望校合格へ」

"自宅で、いつでも、あなたの夢を叶える。"
"個別指導×自由な場所、オンラインで高校受験を突破。"

　つまり、「自宅で個別指導が受けられる」ということですね。それをインパクト良く伝えたい。**「希少性＝あなただけ」手法**を使ってみましょう。

「ご自宅に、あなただけの受験コーチがいる」

"自分のペースで最高の指導、オンラインならでは。"

　先ほども言ったように、オンラインだと授業動画を停止したり、繰り返して視聴できます。つまり、自分のペースで勉強できるわけです。

　今回は、**「メタファー」手法**を使ってみましょう。「自分のペース」と言えば、マラソンを連想しますね。つまり、合格というゴールに向かって走っていくのです。

キャッチD案

「オンラインだから、自分のペースでゴールへ走れる！ 合格できる！」

"未来の扉をオンラインで開こう、高校受験の新しいスタイル。"

　オンライン塾というのは、いわば「高校受験の新しいスタイル」です。親世代は「塾に行くのは当たり前」という価値観だったわけで、その呪縛から自分の子どもにも同じバイアスを与えているのかもしれません。

　そこで、あの例文を使って、また**「物語を語り出す」手法**でやってみましょう。

キャッチE案

「塾なんかムダと言ったら、同級生たちは笑った。でも、私のテスト結果を見せると……」

「ボディコピー」を作る

　次はランディングページのボディコピーを作っていきましょう。まずは、制作したキャッチコピーの確認です。

キャッチA案
　「オンラインで叶える、受験のプロフェッショナル」

キャッチB案
　「徒歩０分で、志望校合格へ」

キャッチC案
　「ご自宅に、あなただけの受験コーチがいる」

キャッチD案
　「オンラインだから、自分のペースでゴールへ走れる！　合格できる！」

キャッチE案
　「塾なんかムダと言ったら、同級生たちは笑った。でも、私のテスト結果を見せると……」

　いかがでしょうか？
　こうやって見るとE案だけオンライン塾であることがわかりませんね。どれを選ぶかは好き好きですが、今回は若者らしくD案にしましょう。
　では、このキャッチのボディコピーを、ChatGPTを使って作っていきましょう。

プロンプト

「今までの内容を踏まえて、オンライン塾のランディングページのボディコピーを作ってください。キャッチコピーは『オンラインだから、自分

のペースでゴールへ走れる！ 合格できる！』。

本塾の売りは『①すべてオンラインで完結し、店舗に通う必要がない。②生徒一人ひとりに専任のコーチがついて指導。③人気教師によるオンライン授業を何度でも受けることができる。④生徒の質問に対して、24時間チャット形式で素早く対応できる。』

SEO対策として、「個別指導」「志望校」「進路」「試験内容」「合格競争」「対策指導」「模擬試験」「専門指導」「個別のニーズ」「受験勉強」「コーチング」「ストレス」「不安」「不得意科目」「塾」「受験予備校」「高校受験」「高校入試」「オンライン授業」「入試対策」などを本文中に多用してください。また、コラムとして、『個別カウンセリングつき無料入塾体験』が申し込めることを個別に訴求します」

ChatGPTの回答

オンラインだから、
自分のペースでゴールへ走れる！
合格できる！

個別指導から合格まで、すべてをオンラインでサポート。受験の不安や疑問を**個別カウンセリングで解決**し、**志望校**に合わせた最適な**進路**を描きましょう。

なぜオンライン塾が選ばれるのか？
塾に通う必要はありません！ 高校受験の全プロセスをオンラインで完結。通学のストレスや無駄な時間を減らし、自宅やお気に入りの場所で効果的に学ぶことができます。

一人ひとりに専任のコーチがつき、個別のニーズに合わせた**専門指導**を提供。苦手科目や不得意なトピックにも徹底的にアプローチし、自信を

つけて**受験勉強**に臨めます。

人気教師によるオンライン授業を何度でも受けることができるため、難しい内容も何度も復習可能。自分のペースで勉強できます。また、**模擬試験**を通じて試験の実感を得られると同時に、**入試対策**を着実に進めていきましょう。

質問があれば、チャットでサポート
学習中の疑問や不安な点はすぐに解決。**チャット形式**で専属コーチが素早く対応し、学習の途中で立ち止まることなく前進できます。

個別カウンセリングつき無料入塾体験！
我々はあなたの成功を全力でサポートします。個別カウンセリングつきの**無料入塾体験**を今すぐ申し込んで、本塾の**個別指導とオンライン授業**の強力な組み合わせを実感してください。

合格への第一歩を、オンラインで。あなたの未来を一緒に切り拓きましょう！

いかがでしょうか？

これを見た瞬間、**「ヤバイ！」**と思ったほど、**完成度が高い**です。しかも、ご丁寧に文字の太さなども最初から反映されていました。

今回、ランディングページという比較的短い文章なので、キーワードに関しては「SEO効果を高めるキーワードの繰り返し使用」はしていません。

しかし、**HP など文章量が多い媒体では、キーワードを複合的に多用するなどして、SEO 的に優位なページにしていく**のが良いでしょう。

また、YouTube の概要欄にも、この考え方で SEO 対策するのがベストです。

ちなみに今回のオンライン塾の差別化ポイントでは低価格という設定をわざと外しています。店舗型と比べて、固定費が安く抑えられる分、月謝も低価格になると思いましたが、そこを強調すると他の差別化ポイントに焦点が当たりづらいと考えたからです。

　また、チャットでのサポートですが、リアル教師とAIつまりChatGPTなどを組み合わせることで低価格での運営が可能ではと思いました。

［練習問題③
プレスリリース（就労継続支援B型事業所）］

　今回の問題は、私がコンサルタントをさせていただいている企業からヒントをもらいました。

　ある就労継続支援B型事業所では障がい者のアート力を高めるトレーニングと、そのアート力でデザイナーやイラストレーターなどの仕事につなげるサポートをしています。このような活動をしている事業所をメディアに取り上げてもらうためのプレスリリースをみなさんに考えてもらおうと思います。

　「就労継続支援B型事業所」という言葉を知らない方も多いと思いますので、簡単な説明から始めますね。

　国では、「障害の有無にかかわらず、個々人がそれぞれの希望やスキルに合った仕事において活躍できる社会を構築していく共生社会の実現」を目指しています。そのため、障がい者を雇用する企業に対して助成金などの支援を行っているのです。

　就労継続支援には、原則雇用契約を結んで働く就労継続支援A型と、雇

用契約がない就労継続支援B型の２つがあります。B型の場合は雇用契約がない分、一人ひとりに合った自由な働き方ができるというメリットがあり、私がコンサルタントをしている企業もB型を運営して、障がい者雇用に熱い想いを持って取り組んでいます。

さて、今回はプレスリリースということで、またちょっとした注意点があります。

それは、**雑誌・新聞社などのメディアには「社会性があり、これは報道したい」と思ってもらえるプレスリリースが必要**なのです。つまり、「商売っ気からではなく、社会に貢献したい」という気持ちが文面から表れなければいけません。そこで、今回のターゲットの明確化では、そこの点も解説しますので、ステップ1は私と一緒に進めていきましょう。

まずはステップの確認です。

キャッチコピー制作の流れ

1. ターゲットの明確化
この場合は障がい者とその家族です。「どういうポイントで就労継続支援B型事業所を選ぶのか？」をChatGPTで調査。さらに、「障がい者アートの社会性」についても調査しましょう。それが、プレスリリースを書くときのヒントになると考えられます。

2. 差別化ポイント
アート力のトレーニングにフォーカスした事業所としての差別化ポイント。

3.「キャッチコピーの基本形」を作る
1.2で抽出された内容を使って、ChatGPTで「キャッチコピーの基本形」を作る。

4. 「キャッチコピーの完成形」に仕上げる

   6つのブラッシュアップ手法を使って、ChatGPT で作った「キャッチコピーの基本形」をブラッシュアップする。

5. 「プレスリリース」を作る

   今までの内容を総括して、ChatGPT でプレスリリースを作る。

ターゲットの明確化

この場合は障がい者とその家族。「どういうポイントで就労継続支援B型事業所を選ぶのか？」を ChatGPT で調査。さらに、「障がい者雇用に求められる社会的な背景とは？」ということも調査しましょう。それが、**メディア側が興味を抱くプレスリリースのヒント**になると考えられます。

プロンプト

「障がい者とその家族は、どういうポイントで就労継続支援B型事業所を選ぶのでしょうか？」

ChatGPT の回答

障がい者とその家族が就労継続支援B型事業所を選ぶ際には、いくつか重要なポイントが考慮されることがあります。以下に、選ぶ際のポイントをいくつか挙げてみましょう。

1. プログラム内容とカスタマイズ性：

   就労継続支援B型事業所は、障がい者のスキルやニーズに合わせたプログラムを提供することが求められます。事業所の提供するプログラム内容やカスタマイズ性が、障がい者の個別の能力や目標に合致している

かを確認することが重要です。

2. アクセシビリティと交通アクセス:

事業所の場所が障がい者や家族にとってアクセスしやすいかどうかも検討ポイントです。交通手段の利便性やバリアフリーなどのアクセシビリティが確保されているかを確認しましょう。

3. スタッフの専門性と資格:

事業所のスタッフが適切な専門性と資格を持っているかどうかも重要です。障がい者の支援やトレーニングに関する専門的な知識と経験があるか確認しましょう。

4. サポート体制と個別支援計画:

事業所がどれだけ綿密な個別支援計画を作成し、障がい者の成長と目標達成をサポートしているかを確認します。適切なサポート体制が整っているかを確認することが大切です。

5. 施設設備と環境:

事業所の施設や環境が障がい者のニーズに適しているかどうかも考慮ポイントです。作業スペースの広さやアメニティの提供状況などを確認しましょう。

6. 評判と口コミ:

他の障がい者や家族からの評判や口コミも参考になります。オンラインレビューや地域の情報を調べることで、事業所の信頼性や質を把握する手助けになるでしょう。

7. 費用と支援制度:

就労継続支援B型事業所の利用に関わる費用や、障がい者支援制度から

のサポートがどれだけあるかを確認します。家族の経済的な状況と合わせて検討することが大切です。

これらのポイントを考慮しながら、障がい者とその家族が最適な就労継続支援Ｂ型事業所を選ぶことが重要です。事前に複数の事業所を比較検討し、十分な情報収集を行うことで、より適切な選択ができるでしょう。

いかがでしょうか？

事業所にとって、何を訴求すべきかがわかりますね。続いて、社会性についても考察しましょう。

プロンプト

「障がい者アートに関して、社会的にどのような意味を持つと思いますか？」

ChatGPT の回答

障がい者アートは、多様性とクリエイティビティを尊重する文化の一環として非常に重要です。

以下に、障がい者アートに関する社会的な視点や意義についていくつか考えを共有します。

1. 表現の場と自己肯定感の向上：

障がい者アートは、個々の表現力を発揮する場を提供し、自己肯定感の向上につながります。アートを通じて、障がい者は自分自身を表現し、他者とのコミュニケーションを楽しむことができます。

2. アートの力で偏見やステレオタイプの打破：

障がい者アートは、障がい者の多様な能力や視点を見せる機会を提供します。これにより、一般の人々が障がい者に対する偏見やステレオタイプを克服し、新たな視点を得ることができます。

3. 共感と連帯の促進：

障がい者アートは、その作品を通じて感じる共感や連帯を促進します。作品を通して共通の人間の感情やテーマを共有することで、社会全体の結束感が高まります。

4. 才能の発見と成長の機会：

障がい者アートは、未発見の才能を見つける機会を提供し、その才能を育てる場となります。アート活動を通じて、障がい者は自分の可能性を拡げ、成長するチャンスを得ることができます。

5. コミュニティの形成と交流：

障がい者アートは、アート愛好者やアーティスト同士が交流する場を提供し、コミュニティを形成します。アートを共有することで、共通の興味を持つ人々が集まり、交流が生まれます。

6. 社会への貢献と認知の向上：

障がい者アートは、社会に対する貢献と価値を示す手段として機能します。障がい者アーティストが創造的な活動を通じて社会にインスピレーションを与え、その存在を広く知らしめることができます。

総じて言えることは、障がい者アートは個人の成長と自己表現を促進するだけでなく、社会全体に対する影響力を持つものです。障がい者アートを尊重し、支援することは、包括的で多様性を尊重する社会の実現に向けた一歩と言えるでしょう。

いかがでしょうか？

「才能の発見と成長の機会」はまさに！という感じですね。私もコンサルタントをさせていただいている企業の仕事で、障がい者アートを見る機会があるのですが、本当に素晴らしい作品なので、毎回、感心しています。

また、「アートの力で偏見やステレオタイプの打破」は**障がい者アートを通じて、一般の人々が障がい者に目を向けるきっかけとなり、社会性を訴求**できますね。この点をメディアに売り込むのはありでしょう。

と言いつつも、もともとは就労支援なのですから、アート力が就労に結びつきそうかを ChatGPT に聞いてみましょう。

プロンプト

「障がい者がアートの力で就労できるでしょうか？」

ChatGPT の回答

はい、障がい者がアートの力を活用して就労することは十分に可能です。アートは、障がい者にとって創造的な表現やコミュニケーションの手段として役立ち、さまざまな就労機会を提供することがあります。以下にいくつかの方法を挙げてみましょう：

1. アート制作と販売：
障がい者は、絵画、彫刻、陶芸などのアート制作を通じて独自の作品を生み出すことができます。これらの作品はオンラインプラットフォームやアート展で販売されることがあり、収入を得るチャンスとなります。

2. アートセラピー：
障がい者アートは、アートセラピストや支援者としての就労機会を提供

することがあります。アートを通じて人々の心の健康を支える仕事や、アートプログラムの運営などが含まれます。

3. アートワークショップの講師：

障がい者は、アートワークショップや教室の講師として活動することができます。自身のアート技術や表現方法を他の人々に教えることで、収入を得ることができます。

4. デザインやイラストレーション：

障がい者は、グラフィックデザインやイラストレーションなどの分野で活動することができます。広告、出版、ウェブデザインなど、幅広い分野で需要があります。

5. アートギャラリーのスタッフ：

アートギャラリーでのスタッフとして働くことも考えられます。展示会の設営や運営、アート作品の管理など、アートに関連するさまざまな役割があります。

6. クリエイティブな職業：

アートのスキルや創造性を活かす仕事として、イベントプランナー、セットデザイナー、プロダクトデザイナーなどのクリエイティブな職業もあります。

障がい者アートを活かすためには、適切なトレーニングや支援が必要な場合もありますが、その人の能力や興味に合わせて適切な就労機会を見つけることが可能です。障がい者アートは、自己表現や社会参加の手段としてだけでなく、就労の道を開く素晴らしいツールとなることがあります。

いかがでしょうか？

なるほど、アートセラピーなどは想像しませんでした。驚きです。

さて、ここからはご自身でのトライになります。順番では「差別化ポイント」でしたね。頑張って取り組んでください。

差別化ポイント

プロンプト

「あなたは障がい者の就労をサポートする就労継続支援 B 型事業所です。この事業所では障がい者のアート力を高めるトレーニングと、そのアート力で仕事につなげるサポートをしています。他の事業者と比べての差別化ポイントを考えてください」

ChatGPT の回答

1. **アートを通じた個別支援：**

   当事業所は、障がい者の個々のアート力や興味に合わせた個別のトレーニングを提供します。アートの種類やスタイルを尊重し、それに合わせた支援を行うことで、障がい者が自分らしい表現を発展させるサポートを提供します。

2. **アートから職業への橋渡し：**

   当事業所は、アートを趣味から仕事につなげるための綿密なプランニングを行います。アート作品の販売、展示会への参加、アート関連の職業への紹介など、アートの力で収入を得る手段として活かすサポートを提

供します。

3. 包括的なコミュニティの形成：

当事業所は、アーティスト、トレーナー、サポーター、家族など、多様な人々がともに参加するアートコミュニティを形成します。障がい者と非障がい者がともに学び、創造し、交流するプラットフォームを提供します。

4. 継続的なキャリアサポート：

アートの力を就労に結びつけるための長期的なキャリアサポートを提供します。アートに関するスキルの向上だけでなく、プレゼンテーションスキルやビジネスノウハウなどもトレーニングします。

5. パーソナライズされたアートプログラム：

各障がい者に合わせてアートプログラムを提供します。それにより、それぞれの個性や能力に応じた成長の機会を提供し、自己表現を支援します。

6. アートを通じた社会参加の促進：

当事業所は、アートを通じて障がい者が地域社会に参加する機会を創出します。展示会やアートイベントの開催、コミュニティ活動への参加など、アートを通じた社会的な関わりを促進します。

以上の要素を組み合わせて、障がい者のアート力を高めるトレーニングと、それを就労につなげるサポートを提供する事業所のユニークな価値をアピールすることができます。

プロンプト

「今までの内容を参考に、本事業所をアピールするプレスリリースの
キャッチコピーを考えてください。その際、雑誌社・新聞社などが興味
を抱くようなものにしてください」

ChatGPT の回答

1. "アートの力で、障がい者が新たなキャリアを描く。夢を実現する場
所がここに。"

2. "アートの才能が生む、障がい者の職場革命。未来を彩るアートの一
筆がここから始まる。"

3. "アートがつなぐ、障がい者の社会参加と成長。多彩なアートプログ
ラムが魅力。"

4. "アートの輝きが、障がい者の可能性を広げる。キャリアとアートの
新たな融合地、ご紹介。"

5. "アートの世界で、障がい者の才能が開花。表現力が導く、働く喜び
をご紹介。"

6. "障がい者アートが、社会との架け橋となる。夢を形にする場所、こ
こにあり。"

7. "アートの魔法で、障がい者が自信とスキルを育む。職業とアートの

融合をご紹介。"

8. "アートのパワーで、障がい者が未来を彩る。個性を尊重するアートプログラムが魅力。"

9. "障がい者アート、子どもたちのような純粋な輝き。未来へのアートの足跡。"

10. "障がい者アートが社会を変える：独自のトレーニングとサポートで描かれる未来。"

これらのキャッチコピーは、メディアの注目を引くと同時に、障がい者アートの力と就労支援の重要性を示すものです。具体的なプログラムやアプローチを含め、メディアに興味を持ってもらえる要素を盛り込むことが大切です。

「キャッチコピーの完成形」に仕上げる

では、今回も可能性のあるキャッチコピーを選んでブラッシュアップしてみましょう。

"アートの力で、障がい者が新たなキャリアを描く。夢を実現する場所がここに。"

1つ目は「アート」と「描く」が相性の良いものを選んでみました。
単純に**「短く言い切る」手法**でいきましょう。

「障がい者アートで、新たなキャリアを描く」

"障がい者アート、子どもたちのような純粋な輝き。未来へのアートの足跡。"

　子どもの絵を見ると、斬新なタッチや色彩に感動を覚えることがあります。障がい者アートにも似たような感動を覚えたりします。そのことを、**「なぜと思わせる」手法**でやってみましょうか。

キャッチＢ案

「なぜ、障がい者アートに心を動かされるのか?」

"アートの才能が生む、障がい者の職場革命。未来を彩るアートの一筆がここから始まる。"
"障がい者アートが社会を変える:独自のトレーニングとサポートで描かれる未来。"

　「障がい者アートが社会を変える」というコンセプトは良いと思います。そういう意味で、「革命」という言葉の強さに惹かれました。
　また、「革命」は、障がい者という社会的弱者と対義語っぽくなっていますよね。それを使って、**「短く言い切る」手法**を使ってみましょう。

キャッチＣ案

「障がい者のアート革命、始まる」

"障がい者アートが社会を変える：独自のトレーニングとサポートで描かれる未来。"

「障がい者アートが社会を変える」はインパクトがありますね。ただ、これだけだと説得力に欠ける気がします。

そこで、**「権威の言葉」手法**を使ってみましょう。アートで考えていって、有名な画家をたとえで出すのはどうでしょうか。

キャッチD案

「ピカソを見たときの感動を覚えてますか？
　障がい者アートが社会を変えます」

「プレスリリース」を作る

まずは完成したキャッチコピーの確認です。

キャッチA案

「障がい者アートで、新たなキャリアを描く」

キャッチB案

「なぜ、障がい者アートに心を動かされるのか？」

キャッチC案

「障がい者のアート革命、始まる」

キャッチD案

「ピカソを見たときの感動を覚えてますか？
　障がい者アートが社会を変えます」

いかがでしょうか？

どの案も良いかと思いますが、「障がい者のアート革命、始まる」は見た瞬間、「なんだ?!」という驚きを感じますので、今回のキャッチコピーとしましょう。他のキャッチも良いのでプレスリリース内に入れ込むようにしましょう。

また、最初に述べたようにプレスリリースは雑誌・新聞社などのメディアに「社会性があり、これは報道したい」と思ってもらえることが必要です。さらに ChatGPT の回答にあった「アートの力で偏見やステレオタイプの打破」の視点もプロンプトに加えてみましょう。

プロンプト

「今までの内容を参考にプレスリリースの作成をしてください。

『この事業所では障がい者のアート力を高めるトレーニングと、そのアート力で仕事につなげるサポートをしています』ということは同じです。

キャッチコピーは『障がい者のアート革命、始まる』。

本文中に、『障がい者アートで、新たなキャリアを描く』『なぜ、障がい者アートに心を動かされるのか？』『ピカソを見たときの感動を覚えてますか？　障がい者アートが社会を変えます』を使ってください。

また、プレスリリースは雑誌・新聞社などのメディアに『社会性があり、これは報道したい』と思ってもらえることが必要です。

『障がい者アートは、障がい者の多様な能力や視点を見せる機会を提供します。これにより、一般の人々が障がい者に対する偏見やステレオタイプを克服し、新たな視点を得ることができます』という内容を参考に社会性を加えてください」

プレスリリース

障がい者のアート革命、始まる。

【都市名】 障がい者のアート革命が、新たなキャリアの扉を開く場所で幕を開けます。【事業所名】は、障がい者ならではのアート力を高めるトレーニングと、そのアート力をアーティストやデザイナー、イラストレーターなどの仕事につなげるサポートを提供し、**社会の心を動かすムーブメント**を展開しています。

障がい者アートで、新たなキャリアを描く

【事業所名】は、障がい者アートの可能性を最大限に引き出すために、**独自のトレーニングプログラムを提供**しています。アートの力を通じて障がい者の創造性と表現力を育み、彼らがアーティストやデザイナーとしての新たなキャリアの道に踏み出すお手伝いをしています。**障がい者のアートは、単なる作品以上の意味を持ち、社会的な成果を生み出す力強いメディウム**として脚光を浴びています。

なぜ、障がい者アートに心を動かされるのか？

障がい者アートには、純粋な感性と個性が息づいています。【事業所名】では、その**個性を尊重し、アートの中に込められた思いやストーリーを大切**にしています。これらの作品は、一般の人々の心を打ち、感動を呼び起こす要因となっています。障がい者アートは、**ただのアート作品を超えて、社会の中で感情を揺さぶり、新たな視点を提供**する存在として認識されています。

ピカソを見たときの感動を覚えてますか？　障がい者アートが社会を変えます

【事業所名】は、障がい者アートを通じて、ピカソをはじめて見たときのような新たな視点を社会に提供しています。これにより、**一般の人々が障がい者に対する偏見やステレオタイプを克服し、新たな理解と共感の機会を得る**ことができます。障がい者アートは、社会の多様性と創造性を際立たせ、ともに成長する未来を描くための重要な一環となっています。

【事業所名】は、障がい者アートの社会的な意義を広く伝えるため、展示会やイベントの開催を通じて、その可能性を発信しています。社会にポジティブな影響をもたらす障がい者アートの力をともに体験しませんか。
【事業所名】に関する詳細やお問い合わせ先については、ウェブサイト（ウェブサイト URL）をご覧ください。

【連絡先】
【電話番号】
【メールアドレス】
【ウェブサイト URL】

いかがでしょうか？
これだけのプレスリリースがわずか 10 秒ほどで書き上がりました。
実践練習は以上です。
今までの内容で、どのような媒体でも工夫しながら ChatGPT コピーライティングが可能になると思います。

最終章
──「文字校正」なくして、完成なし

お疲れ様でした。

ここまで読破されたあなたに、もうひとつ重要なことをお伝えしておきます。それは、文字の最終チェックです。さっそく、この点についてもChatGPT に聞いてみましょう。

プロンプト

「広告、DM、ウェブサイトなどのコピーについて、最終文字チェックに必要なことを項目別にして、その理由を教えてください」

ChatGPT の回答

1. 正確性とファクトチェック:

誤った情報や事実の誤認を招く内容が含まれていると、信頼性が損なわれ、顧客に誤った情報を提供することになります。正確な情報を提供することは、信頼感を築くために非常に重要です。

2. ターゲットオーディエンスへの適切なアピール:

コピーは特定のターゲットオーディエンスに向けて設計されるべきです。そのオーディエンスの関心やニーズに合ったキャッチコピーを含むことで、コンバージョン率が向上しやすくなります。

3. クリアなコミュニケーション:

読者がコピーを読んで何をすべきかを理解しやすいようにすることが重要です。明確で簡潔な文言は、読者が望む行動を取りやすくします。

4. ブランドトーンの維持：

ブランドの声やトーンを一貫して維持することで、顧客はブランドの特徴を認識しやすくなります。ブランド一貫性は信頼性や認知度の向上に寄与します。

5. 文法とスタイルの確認：

正しい文法と一貫したスタイルは、プロフェッショナルな印象を与えます。誤った文法やスタイルの不一致は、信頼性やプロのイメージを損なう可能性があります。

6. 誤字脱字の検出：

誤字や脱字は、コピーの品質を低下させるだけでなく、読み手に不正確な印象を与える可能性があります。定期的な校正は欠かせません。

7. コンプライアンスの確認：

広告やコピーは法律や規制に適合している必要があります。特定の規制や業界基準に準拠しているか確認することは、法的な問題を回避するために重要です。

8. 魅力的な見出しとキャッチコピー：

引き込まれるような見出しやキャッチコピーは、読者の関心を引きつける助けになります。強力なキャッチコピーは、コピーの効果を高めます。

9. コピーの流れと一貫性：

コピー全体が一貫したキャッチコピーを伝え、読者を導いていく必要があります。一貫性のあるストーリーテリングは、読者をコンバージョンへと導きやすくなります。

いかがでしょうか？

内容としてはご覧いただければご理解いただけると思います。特に注意すべきは「正確性とファクトチェック」「コンプライアンスの確認」でしょう。ChatGPTの回答はその学習した内容が古いなどの理由で事実とは異なっている場合があります。その点をつねに念頭に入れて、最終チェックしてください。

ChatGPTに操られる側でなく、操る側として未来を切り拓こう！

　この本を書き終えて感じたことは「懐かしさ」でした。

　私は電通グループの広告代理店等でシニアコピーディレクターという肩書で、ＢＭＷのコピーライティング全般のディレクションを行っていました。

　多彩なジョブが同時進行していたので、すべてのコピーを私一人で書くことは不可能です。そこで、社内コピーライター、外部コピーライターなどが書いたたくさんのコピー、そのすべてのクオリティを保つことに注力してきました。

　最初にコピーライティングの方向性を示し、できあがったクオリティが低ければ書き直しを指示します。時には自分で書き直すことも多々ありました。

　最初に「懐かしい」と感じたのは、ChatGPTにプロンプトという形でコピーライティングの方向を指示し、回答されたコピーをブラッシュアップする作業は「広告代理店時代で行っていた作業に似ている」と感じたからです。

　そう考えると、ChatGPTコピーライティングの本質とは、つまり**ChatGPTと共同でコピーを書く**ということではないかと思ったのです。

　ChatGPTをツールと考えるよりも、仲間というか、スタッフというか、チームの一員として考えたほうがしっくりくるのです。

　AIが人の仕事を奪っていくのは間違いないでしょう。

　私のようにライターとして生きた人間は、多くの仕事をChatGPTに奪われていく未来に、多少の不安を感じています。しかし、不安がっているだけでは後輩のライター諸氏は生活できなくなってしまうでしょう。

だからこそ、ChatGPT を味方につけるコピーライティングができない
か、と自分なりの方法論を示したかったのです。

　もちろん、この著書は後輩のコピーライター達のためだけでなく、企業
の販売・営業・宣伝担当者やネットショップ経営者、そして街の店主さん
が気軽にコピーライティングできるようになってもらうための指南書でも
あります。

　もっと広い視点から言わせてもらうなら、「今後、AI とどうやってつき
合っていくか？」を、みなさんが考えるひとつの道標になればいいとも思
っています。

　ChatGPT は発展途上で、人の手でブラッシュアップする必要がありま
す。いや、逆にまだ人の力が介入できる隙があると言ってもいいでしょう。

　ChatGPT の進化はもっともっと進んでいくでしょうが、今なら、**この
本を読んでいる方は ChatGPT に操られる側でなく、操る側として未来
を切り拓ける**のではないでしょうか。

　この著書がそのきっかけになればと、私は願っているのです。

中村ブラウン

読者プレゼント

本書をご購入の方にお礼として、キャッチコピーの基本形のブラッシュア
ップ時に参考となるマインドマップ「コピーライティング・6つのブラッ
シュアップ手法」（PDF）をプレゼントします。メールに、
①**名前**　②**年齢**　③**職業**　④**所在地**　⑤**本の購入先**　⑥**ご感想・質問等**
をご記入のうえ、nakamurabrown@gmail.com までご請求ください
（※携帯メールでは PDF を受信できない場合があります）。
また、**セミナーやコンサルタントなど個別のご相談などについても、上記
アドレスまでメールをいただければ幸いです。**

著者エージェント　アップルシード・エージェンシー
本文 DTP　　　　佐藤正人（オーパスワン・ラボ）

ChatGPT 売れる文章術

著　者──	中村ブラウン（なかむら・ぶらうん）
発行者──	押鐘太陽
発行所──	株式会社三笠書房

〒102-0072　東京都千代田区飯田橋3-3-1
電話：(03)5226-5734（営業部）
　　：(03)5226-5731（編集部）
https://www.mikasashobo.co.jp

印　刷──	誠宏印刷
製　本──	若林製本工場

ISBN978-4-8379-2996-3 C0030

三笠書房

GIVE & TAKE
「与える人」こそ成功する時代

アダム・グラント【著】
楠木 建【監訳】

世の〝凡百のビジネス書〟とは一線を画す一冊！——一橋大学大学院教授　楠木 建

新しい「人と人との関係」が「成果」と「富」と「チャンス」のサイクルを生む——その革命的な必勝法とは？

全米No.1ビジネススクール「ペンシルベニア大学ウォートン校」史上最年少終身教授であり気鋭の組織心理学者・衝撃のデビュー作！

自分の時間
1日24時間でどう生きるか

アーノルド・ベネット【著】
渡部昇一【訳・解説】

イギリスを代表する作家による、時間活用術の名著

朝目覚める。するとあなたの財布には、まっさらな24時間がぎっしりと詰まっている——◆仕事以外の時間の過ごし方が、人生の明暗を分ける◆1週間を6日として計画せよ◆習慣を変えるには、小さな一歩から◆週3回、夜90分は自己啓発のために充てよ◆計画に縛られすぎるな……

働き方
「なぜ働くのか」「いかに働くのか」

稲盛和夫

成功に至るための「実学」
——「最高の働き方」とは？

・昨日より「一歩だけ前へ出る」・感性的な悩みをしない・「渦の中心」で仕事をする・願望を「潜在意識」に浸透させる・仕事に「恋をする」・能力を未来進行形で考える

人生において価値あるものを手に入れる法！